Si tu viens à quatre heures de l'après-midi,
je commence d'être heureux dès trois heures.

# 세상에서 가장 쉬운
# 프랑스어 어린왕자

*Niveau 1*

**편저 김경랑**

이화여자대학교 불어불문학과를 졸업한 후, 프랑스 Lyon II 대학에서 프랑스어 교육학 석사 학위를
취득했으며, 서울대학교에서 박사 학위를 받았습니다.
이후 한국교육과정평가원에서 연구원으로 재직하며 교육 현장에서 풍부한 경험을 쌓았고,
오랜 시간 프랑스어 학습자들을 위해 효과적이고 체계적인 학습 자료를 개발해 온 프랑스어 교육
전문가입니다.

**감수 마티유 바뒤엘**

어린 시절부터 여행을 사랑했고, 다양한 문화 교류에 관심을 두었습니다.
대학에서는 철학과 영어를 공부하며 시야를 넓혔습니다.
이후 진로를 전환하여 현재는 외국인에게 프랑스어와 문화를 가르치고 있습니다.
중국 쓰촨에서 5년간 언어 교육을 했으며, 2011년부터 현재까지 부산대학교에서 프랑스어 교수로
재직 중입니다.
프랑스어 학습 앱 개발과 함께 한-프랑스 문화 협력 프로젝트에도 활발히 참여하고 있습니다.

*Le Petit Prince*

## 세상에서 가장 쉬운 프랑스어 어린왕자

초      판 | 1쇄 발행 2025년 2월 26일

편      저 | 김경랑
감      수 | 마티유 바뒤엘
디  자  인 | 박유영

펴  낸  곳 | (주)도서출판동행
펴  낸  이 | 오승근
출 판 등 록 | 2020년 3월 20일 제2020-000005호
주      소 | 부산광역시 부산진구 동천로 109, 9층
이  메  일 | withyou@withyoubooks.com
홈 페 이 지 | withyoubooks.com
카 카 오 톡 | @동행출판사

ISBN 979-11-91648-33-1 (13760)

# 세상에서 가장 쉬운
# 프랑스어 어린왕자

*Niveau 1*

도서출판 동행

# 어린왕자를 원서로 읽는다면
# 얼마나 유익할까요?

『단계별 프랑스어 원서 읽기』 여정을 시작하는 여러분을 진심으로 환영합니다. 이 교재는 프랑스 문학의 걸작 중 하나인 "어린 왕자"를 통해 여러분께 프랑스어의 아름다움을 전하고자 합니다. 생텍쥐페리의 "어린 왕자"는 그 깊이와 감동으로 전 세계 많은 이들의 마음을 울렸습니다. 이제 여러분의 프랑스어 학습 여정에 든든한 동반자가 되어 줄 것입니다.

프랑스어는 단순한 언어가 아닙니다. 그것은 문화와 역사, 철학과 예술이 녹아 있는 살아 있는 유산입니다. "어린 왕자"는 이러한 프랑스어의 아름다움을 잘 보여주는 작품입니다. 우리는 이 교재의 원문을 최대한 살림으로써, 독자들이 원작의 감동과 교훈을 온전히 느낄 수 있도록 노력하였습니다.

이 교재는 "어린 왕자"의 첫 번째 단계로서 쉬운 어휘와 표현을 사용하고 현재형으로 원문을 재구성함으로써 초보 프랑스어 학습자들이 문장을 직접 읽고 이해할 수 있도록 돕습니다. 원문을 취사선택한 것이 아니라, 원문의 핵심 논리에 입각하여 구성하였고 원문과 동일한 27장으로 되어 있습니다.

본문을 이해하기 위해 필요한 어휘와 숙어의 의미를 제공하여, 독자들이 사전 없이도 프랑스어 문장을 직접 읽고 이해할 수 있도록 하였습니다. 본문을 읽으면서 자연스럽게 프랑스어의 리듬과 어휘, 문장 구조를 익히게 될 것입니다. 또한, 각 장의 내용을 이해하기 위해 필요한 기본적인 문법과 예문을 제공하여, 학습자들이 보다 쉽게 이해할 수 있도록 하였습니다. 이를 통해 프랑스어 실력을 체계적으로 향상시킬 수 있습니다.

"어린 왕자"는 단순한 동화가 아닌, 깊은 철학적 의미를 담고 있는 작품입니다. 더불어, 생텍쥐페리의 철학을 이해할 수 있는 기회를 제공합니다.

여러분이 이 교재를 통해 프랑스어를 공부하는 과정에서, 어린 왕자가 여행을 통해 깨달음을 얻었던 것처럼, 여러분도 새로운 언어와 문화 속에서 많은 깨달음을 얻을 수 있기를 바랍니다. 그리고 그 과정에서 프랑스어에 대한 애정과 자신감을 키워 나가시길 바랍니다. 프랑스어는 여러분의 삶을 풍요롭게 하고, 새로운 세계를 여는 열쇠가 될 것입니다.

편저 김경랑

어린왕자 프랑스어 교재는
원문과 단어, 문법 정리 등으로 알차게 구성되어 있습니다.

**어린왕자 원문**   원문을 읽으면서 자연스럽게 프랑스어의 리듬과 어휘, 문장 구조를 익히실 수 있습니다.

**단어 및 표현 정리**   단어와 표현을 통해 원문의 이해도를 높일 수 있습니다.

**문법 정리**   문법 설명을 통해 체계적으로 프랑스어 문법을 학습할 수 있습니다.

## STEP 1 어린왕자 원문읽기

이 교재는 어린 왕자의 프랑스어 원문을 쉽고 간결한 문장으로 재구성하여 수록하고 있습니다. 원문을 읽으면서 자연스럽게 프랑스어의 리듬과 어휘, 문장 구조를 익힐 수 있습니다. 각 장마다 원문을 읽고, 이해하고, 분석할 수 있는 기회를 제공합니다.

▣ 도서 사용법

• 먼저 각 장의 프랑스어 원문을 읽어보세요.
• 처음에는 원문을 소리 내어 읽는 것이 좋습니다.
• 프랑스어의 발음과 리듬을 익히는 데 도움이 됩니다.

## STEP 2 단어 및 표현 확인

프랑스어 원문 위쪽과 오른쪽에 작은 글씨로 주요 단어와 표현을 정리해 두었습니다. 이는 독자들이 원문을 읽으면서 모르는 단어와 표현을 즉시 확인할 수 있도록 돕기 위함입니다.

▣ 도서 사용법

• 원문을 읽으면서 모르는 단어나 표현이 나오면,
  원문 위의 낱말 해석과 오른쪽의 숙어 해설을 참고하세요.
• 본문에 나오는 동사의 경우, 오른쪽에 동사 원형을 제시하였습니다.

나이   해,년   보나
À l'âge de six ans, je vois un

이
Dans ce livre, les serpents b

그들   사나   ~동안
Ensuite ils dorment pendant

그리나   큰,뚱뚱한
Je dessine ce gros serpent. (

커다란   사람
Mais les grandes personnes

표현이다
Mon dessin ne représente pa

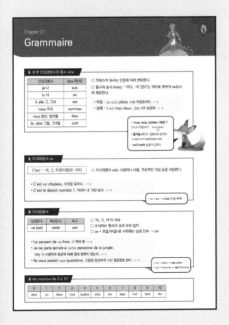

## STEP 3 프랑스어 문법 학습

프랑스어 문법을 간략하게 설명하고 있습니다. 문법적인 구조와 사용법을 이해함으로써, 학습자들은 프랑스어 문장을 보다 정확하게 해석하고 구사할 수 있게 됩니다. 각 장의 문법 설명을 통해 체계적으로 프랑스어 문법을 학습할 수 있습니다.

### ▣ 도서 사용법

- 각 장의 프랑스어 문법 설명을 꼼꼼히 읽어보세요.
- 어린왕자 원문 속 예문을 페이지와 함께 제시하였습니다.
- 예문의 해당 원문을 다시 읽어보며 문법을 확인해 보세요.

## STEP 4 반복 학습

프랑스어 학습은 반복이 중요합니다. 원문을 여러 번 읽고, 단어와 표현, 문법 설명을 반복적으로 학습하세요. 반복을 통해 자연스럽게 프랑스어 실력을 향상시킬 수 있습니다.

## STEP 5 실전 적용

학습한 단어와 표현, 문법을 실제로 사용해 보세요. 프랑스어로 문장을 만들어 보거나, 간단한 글을 작성해 보는 것도 좋은 방법입니다. 또한, 원문을 친구나 스터디 그룹과 함께 읽고 토론하는 것도 큰 도움이 됩니다.

Sommaire

# 본문 목차

Grammaire

# 문법 목차

Grammaire

# 문법 목차

이 교재는 프랑스어 학습에 있어 매우 유용한 도구가 될 것입니다.
“어린 왕자”의 아름다운 이야기와 함께 프랑스어를 즐겁게 배우시길 바랍니다.
학습 과정에서 궁금한 점이나 도움이 필요한 부분이 있다면 언제든지 질문해 주세요.

여러분의 프랑스어 학습 여정에 큰 성공이 있기를 바랍니다.

# C'est un Chapeau

● 명사　● 동사　● 형용사　● 기타

┌ 나이　　┌ 해.년　┌ 보다　　┌ 뱀　　　┌ ~안에　┌ 책　┌ ~에 관한　┌ 원시림
À l'âge de six ans, je vois un serpent boa dans un livre sur la forêt vierge.

┌ 이　　　　　　　　　　┌ 삼키다　　┌ 동물
Dans ce livre, les serpents boa avalent un animal.　정관사 ☞ p.70 🔍

┌ 그들　┌ 자다　┌ ~동안　　　┌ 달　┌ ~하지 않고 ┌ 움직이다
Ensuite ils dorment pendant six mois sans bouger.

┌ 그리다　　　┌ 큰.뚱뚱한　　┌ 이(그,저)것　┌ 그림　┌ 번호
Je dessine ce gros serpent. C'est mon dessin numéro 1.

┌ 커다란　┌ 사람　　┌ 말하다　　　　　　　　　┌ 모자
Mais les grandes personnes disent : «C'est le dessin d'un chapeau.»

┌ 표현하다
Mon dessin ne représente pas un chapeau.　부정문 ☞ p.18 🔍

┌ 그래서　　　　　┌ 코끼리
Alors, je dessine un éléphant dans le serpent.

C'est mon dessin numéro 2.

┌ 이해하다
Les grandes personnes ne comprennent pas.

à l'âge de ~ ~ 살에
voir 보다

avaler 삼키다

dormir 자다
bouger 움직이다

dessiner 그리다

grande personne 어른
dire 말하다

représenter 표현하다

1군동사 ☞ p.18 🔍

comprendre 이해하다

# C'est un Chapeau

●명사  ●동사  ●형용사  ●기타

Elles me disent : « Arrête de peindre. Fais autre chose. »  명령문 ☞ p.18, 34

Maintenant, je suis pilote. Je vole un peu partout dans le monde.

Je rencontre beaucoup de gens sérieux. Mais mon avis ne change pas.

Quand je rencontre une personne lucide, je lui montre mon dessin numéro 1.

Et la personne dit. «C'est un chapeau.»

Donc, je ne parle jamais à cette personne de serpent boa ou de jungle.

Je parle de jeux de cartes et de golf pour lui faire plaisir.

---

arrêter 멈추다
peindre 그리다
faire 하다
choisir 선택하다
voler 날다

rencontrer 만나다
beaucoup de 많은
changer 바꾸다
montrer 보여주다

ne ~ jamais
결코 ~ 않다

parler à qn de~
~ 에게 ~ 에 대해 말하다

jeux de cartes
카드놀이

faire plaisir à qn
~ 를 기쁘게하다

# Grammaire

## ▣ 주격 인칭대명사와 동사 être

| 인칭대명사 | être (현재) |
|---|---|
| je 나 | suis |
| tu 너 | es |
| il, elle 그, 그녀 | est |
| nous 우리 | sommes |
| vous 당신, 당신들 | êtes |
| ils, elles 그들, 그녀들 | sont |

○ 프랑스어 동사는 인칭에 따라 변화한다.

○ 불규칙 동사 être는 '~이다, ~이 있다'는 의미로 영어의 be동사에 해당한다.

- 직업 : Je suis pilote. 나는 파일럿이다. ▸ P. 10
- 상태 : Il est trop vieux. 그는 너무 늙었어. ▸ P. 14

> - 'nous, vous, ils/elles +모음'은 반드시 연음해요 : vous êtes
>   [z]
> - 끝자음 s와 t는 발음하지 않아요: suis/sommes/êtes/sont
> - es와 est는 발음이 같아요.

## ▣ 지시대명사 ce

| C'est ~ : 이, 그, 저것(사람)은 ~이다 |
|---|

○ 지시대명사 ce는 사람이나 사물, 추상적인 개념 등을 지칭한다.

- C'est un chapeau. 이것은 모자다. ▸ P. 10
- C'est le dessin numéro 1. 이것이 내 그림1호다. ▸ P. 10

> - ce + est → c'est (모음 축약)

## ▣ 지시형용사

| 남성단수 | 여성단수 | 복수 |
|---|---|---|
| ce (cet) | cette | ces |

○ '이, 그, 저'의 의미
○ 수식하는 명사의 성과 수에 일치
○ ce + 모음/무음h로 시작하는 남성 단수 → cet

- Le serpent de ce livre. 이 책의 뱀 ▸ P. 10
- Je ne parle jamais de jungle à cette personne.
  나는 이 사람에게 정글에 대해 절대 말하지 않는다. ▸ P. 11
- Ils vous posent ces questions. 그들은 당신에게 이런 질문들을 한다. ▸ P. 19

> - ce + arbre → cet arbre
> - ce + homme → cet homme

## ▣ les nombre de 0 à 10

| 0 | 1 | 2 | 3 | 4 | 5 | 6 | 7 | 8 | 9 | 10 |
|---|---|---|---|---|---|---|---|---|---|---|
| zéro | un | deux | trois | quatre | cinq | six | sept | huit | neuf | dix |

## Chapitre 02
# C'est la Caisse

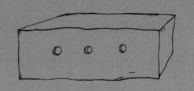

● 명사　● 동사　● 형용사　● 기타

┌ 비행하다　┌ 나의　┌ 비행기　　　┌ 고장　　　┌ 사막
Un jour, je pilote mon avion et j'ai une panne dans le désert.

┌ 혼자인　　　　┌ 가지고 있다　┌ 물　┌ 단지　　┌ ~을 위한　┌ 주
Et je suis seul. De plus, j'ai de l'eau seulement pour une semaine.

부분관사 ☞ p.75

┌ 첫 번째　┌ 저녁　　　┌ 잠이 들다　┌ ~위에서 ┌ 모래　　　┌ 듣다
Le premier soir, je m'endors sur le sable. Le matin j'entends une petite

┌ 목소리 ┌ 이상한
voix étrange.

　　　　　　　　　　　　　　　　　　┌ 양
— S'il vous plaît. Dessine-moi un mouton.

┌ 응? 뭐라구?
— Hein ?

┌~앞에　　　　　　　┌ 소년　　　　　┌ 보다　┌ 심각하게
Devant moi, il y a un petit garçon. Il me regarde gravement.

il y a ☞ p.66

　　　　　　　　　　　　　　　　　　　　　┌ 잊다
Je regarde cet enfant avec surprise. N'oubliez pas que c'est le désert !

　　　　　　　　　　　　　　　접속사 que ☞ p.24

┌ 인 듯하다　　　┌ 길을 잃은
L'enfant ne semble pas perdu dans le désert. Je dis :

┌ 무엇을
— Qu'est-ce que tu fais là ?　의문대명사 ☞ p.45

┌ 반복하다
Et il répète : — S'il vous plaît ... dessine-moi un mouton...

┌ 꺼내다　┌ 종잇장　┌ 종이　　┌ 펜
Alors je sors une feuille de papier et un stylo.

　　　　　　　　　　　　　　　　　　　　　┌ 닫힌
Au lieu de dessiner un mouton, je dessine le serpent boa fermé.

　　　　　　　　┌ 원하다
Mais il dit : — Non, non ! Je ne veux pas d'un éléphant dans un boa.

┌ 필요
J'ai besoin d'un mouton. Dessine-moi un mouton.

Alors, je dessine un mouton.

---

un jour 어느날
piloter 비행하다
avoir une panne 고장나다

de plus 게다가
avoir 가지고 있다

s'endormir 잠이 들다
entendre 듣다

S'il vous plaît
제발...(간청의 표현)

il y a ~이 있다
regarder 보다

oublier 잊다

sembler~ ~인 듯하다

faire 하다
là 거기

répéter 반복하다　p.43

sortir 꺼내다

au lieu de ~대신에

vouloir 원하다

avoir besoin de
~이 필요하다

# C'est la Caisse

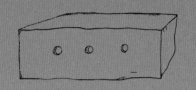

●명사 ●동사 ●형용사 ●기타

　　　　　　　　　┌이미 ┌몹시 ┌아픈
Mais il me dit : — Non, ce mouton est déjà très malade.

　　　　　┌다른
Je dessine donc un autre mouton.

　　　┌너무 ┌늙은
— Il est trop vieux.

　　┌하다
Donc je fais un autre dessin.

faire 하다

　　　┌상자　　　　　　　　┌그 안에
— C'est la caisse. Le mouton est dedans.

　┌얼굴　　┌빛나는
Le visage brillant, il me dit :

　　　　　　　　　　　　　　　　　　　　┌먹다
— C'est tout à fait comme ça que je veux. Ce mouton mange beaucoup ?

tout à fait 완전히
comme ça 이렇게, 그렇게
manger 먹다

— Pourquoi ?

pourquoi 왜

— Chez moi, c'est tout petit....

chez moi 내가 사는 곳
tout 아주

　　　┌충분히　　┌풀
— Il y a assez d'herbe pour lui. C'est un tout petit mouton.

assez de ~ 충분히　p.66 🔍

부사 tout ☞ p.68 🔍

　　┌아주　　　　　┌어라!　　┌자다
— Pas si petit que ça. Tiens ! Il dort.

dormir 자다

비교급 ☞ p.34 🔍

# Grammaire

## ■ 동사 avoir

○ 불규칙 동사 avoir는 '~을 가지고 있다'는 의미다.

| avoir | |
|---|---|
| j'ai | nous avons |
| tu as | vous avez |
| il/elle a | ils/elles ont |

○ 소유 표현
  • J'ai de l'eau pour une semaine.
    나는 일주일 치의 물이 있다. ▸ P. 13

○ 나이 표현
  • Il a quel âge? 그는 몇 살이니? ▸ P. 19

• as와 a는 발음이 같아요.
• nous avons, vous avez, ils/elles ont 은 연음이 되지요. s는 [z]발음이 나요.
* ils/elles sont의 발음과 구분하셔요!

## ■ 부정관사

| | 남성 | 여성 |
|---|---|---|
| 단수 | un | une |
| 복수 | des | |

○ 특정하지 않은 사람이나 사물 명사 앞에 놓인다.
○ 단수는 '(어떤) 하나', 복수는 '여럿'의 의미
○ un, une는 '부정관사'이면서 '수 형용사'이기도 하다.

• S'il vous plaît... dessine-moi un mouton. 내게 양 한 마리 그려줘요... ▸ P. 13
• Je sors une feuille de papier. 나는 종이 한 장을 꺼낸다. ▸ P. 13
• Il porte des vêtetements turcs. 그는 터키옷을 입고있다. ▸ P. 19

## ■ 2인칭 주격 인칭대명사 Tu 와 Vous

| 단수 | 복수 |
|---|---|
| tu | vous |
| vous | vous |

○ tu는 친구나 친한 사이, 어른이 아이에게 말하는 경우
○ vous는 잘 모르는 사이, 상하 관계, 형식을 갖추어 이야기하는 경우
○ 두 명 이상의 복수 2인칭은 vous

• Qu'est-ce que tu fais là? 너 여기서 뭐하는 거니? (단수) ▸ P. 13
• Si vous parlez aux grandes personnes. 여러분이 어른들에게 말하면, (복수) ▸ P. 19
• Que vous êtes belle. (당신은) 정말 아름다워요! (단수) ▸ P. 30

# Une Autre Planète

●명사 ●동사 ●형용사 ●기타

┌ 발견하다
Je découvre petit à petit le petit prince.

┌ 나의 ┌ 비행기 ┌ 묻다
Quand il voit mon avion, il me demande :

간접목적어인칭대명사 ☞ p.43

— Qu'est-ce que c'est ?

┌ ~할 수 있다 ┌ 날다
— C'est un avion. C'est mon avion. Il peut voler.

┌ 소리지르다 ┌ 뭐라구
Il crie : — Comment ! Tu tombes du ciel ?

— Oui.

┌재미난 ┌또한 ┌오다
— Ah ! Ça c'est drôle... alors, toi aussi tu viens du ciel! Tu es de quelle

┌ 행성                강세형 인칭대명사 ☞ p.61
planète ?

┌ 그에게 ┌ 재빨리
Moi, je lui demande rapidement avec surprise.

— Tu viens d'une autre  planète ? Mais il ne répond pas.

┌ 이것
Il regarde l'avion et dit : — Avec ça, tu ne peux pas venir de très loin.

┌ 세심하게 ┌ 주머니
Au bout d'un moment, il sort soigneusement de sa poche le dessin du

mouton.

┌ 많이 ┌ 질문 ┌ 어디
Je pose beaucoup de questions : — Tu viens d'où ? Chez toi c'est où ?
의문부사 ☞ p.45

┌ 원하다 ┌ 데려가다
Tu veux emporter mon mouton où ?
vouloir ☞ p.21
┌ 생각하는 ┌ 상자
Il répond après un silence méditatif: — Il est bien avec cette caisse.

---

découvrir 발견하다
petit à petit 조금씩

demander 묻다

Qu'est-ce que c'est
이게 뭐야

pouvoir ~할 수 있다
voler 날다

crier 소리지르다
tomber 떨어지다

venir 오다

avec surprise 놀라서

venir de ~ ~에서 오다

au bout d'un moment
잠시후에

poser une question 질문하다
beaucoup de 많은
d'où 어디에서
vouloir 원하다
emporter 데려가다

# Une Autre Planète

●명사 ●동사 ●형용사 ●기타

┌ 만약  ┌ 친절한, 착한    ┌ 주다  ┌ 밧줄    ┌ 묶다
— Si tu es gentil, je peux te donner une corde pour attacher le mouton.

donner 주다
attacher 묶다

┌ 생각
— Attacher le mouton ? Quelle drôle d'idée !

┌ 그러나 ┌ 만약
— Mais si tu n'attaches pas le mouton, il va n'importe où.

n'importe où 아무데나

┌ 아주
— Ça ne fait rien. Mon étoile est tellement petite.

Ça ne fait rien 상관없다

# Grammaire

## ■ 1군 동사 (1)

○ 프랑스어 동사는 1군 동사, 2군 동사, 3군 동사로 분류된다.

○ 1군 동사는 어미가 -er로 끝나는 동사로 인칭에 따라 어미가 규칙적으로 변한다.

ex) dessiner, demander, poser, crier, attacher, regarder ...

| 단수 | | 어미 | dessiner / attacher* |
|---|---|---|---|
| 1인칭 | je | -e | je dessine / j'attache |
| 2인칭 | tu | -es | tu dessines / tu attaches |
| 3인칭 | il/elle | -e | il dessine /on attache |

> • 동사의 어미 **e, es, ent**는 발음되지 않고 그 앞 자음은 발음된다.
> dessine, dessines, dessinent
> [dɛsin]

• Je dessine le serpent boa fermé. 나는 이 보아 뱀을 그린다. ▸ P. 14

• Il me regarde gravement. 그는 나를 심각하게 바라본다. ▸ P. 13

\* 동사가 모음이나 무음h로 시작하는 경우(attacher, avaler, habiter ...), 1인칭 단수에서는
주어와 동사의 축약이 일어난다.  je attache ⇒ j'attache / je avale ⇒ j'avale / je habite ⇒ j'habite

## ■ 명령법(1)

> 주어 + 동사 → ~~주어~~ + 동사
> Tu regardes. → regarde !

○ 명령이나 권고, 바람 등을 나타내고 1인칭 복수, 2인칭 단수와 복수에 사용.

○ 직설법 현재 평서문에서 주어를 생략.

○ 직설법 단수 tu 현재형이 es로 끝나는 경우, 어미 s 탈락.

• Tu dessines un mouton. → Dessine un mouton ! 양을 그려줘(요)!

• Dessine-moi un mouton ! 내게 양 한 마리 그려줘(요)! ▸ P. 13
  (간접목적보어)

## ■ 부정문(1)

> ne + 동사 + pas

> • 끝자음 **s**는 발음하지 않아요.
> sai**s** / ne peux pa**s**

• Mon dessin ne représente pas un chapeau. 내 그림은 모자를 표현하는 게 아니다. ▸ P. 13

• L'enfant ne semble pas perdu. 아이는 길을 잃은 것 같지는 않다. ▸ P. 13

## ■ 의문문(1)

> 주어 + 동사 ?
> 주어 + 동사 + 의문사 ?

○ 평서문(주어+동사) 끝에 '?'를 붙이고 억양을 올림

○ 의문사가 있는 경우, 평서문 끝에 붙인다.

• Ce mouton mange beaucoup ? 이 양은 많이 먹어? ▸ P. 14

• Tu viens d'où ? 너는 어디에서 온 거니? ▸ P. 16

# Les Grandes personnes Aiment les Chiffres

●명사 ●동사 ●형용사 ●기타

J'ai une information très importante sur le petit prince.

Sa planète, B612 est un peu plus grande qu'une maison!  비교급 ☞ p.34

plus que ~보다 더

Un jour, en 1909, un scientifique turc découvre cette planète. Mais

personne ne 아무도 ~않다

personne ne croit ses paroles car il porte des vêtements turcs.

croire 믿다
porter 들다, 입다

Plus tard, un roi turc force son peuple à s'habiller comme les Européens.

plus tard 나중에
forcer à + inf
~하도록 강요하다
s'habiller 옷 입다
reparler de
~에 대해 다시 말하다
tout le monde 모든 사람

En 1920, le même scientifique turc reparle du B612.

Il porte des vêtements européens et tout le monde croit ses paroles.

Je parle beaucoup de chiffres parce que les grandes personnes aiment les

parce que ~
왜냐하면 ~ 때문이다
aimer 좋아하다

chiffres.

Lorsque vous leur parlez d'un nouvel ami, ils vous posent ces questions :

— Il a quel âge ? Son père gagne combien ?

Ils veulent toujours connaître les chiffres.  connaître ☞ p.59

connaître 알다

Si vous parlez aux grandes personnes, vous devez leur dire :

devoir ~해야한다

devoir ☞ p.86

— Je vois une maison de cent mille francs.

Alors ils disent : — Comme c'est joli !  감탄문 ☞ p.32

Si vous leur dites : — Voilà le petit prince. Il est adorable et il veut un

mouton.

Chapitre04

# Les Grandes personnes Aiment les Chiffres

● 명사  ● 동사  ● 형용사  ● 기타

┌ ~로 간주하다
Ils vous considèrent comme un enfant.

Mais si vous leur dites que la planète d'où il vient est B612, ils peuvent

comprendre ce que vous dites.

     ce que ☞ p.82

Mon ami n'est plus avec moi.

┌묘사하다 ┌여기
Je ne veux pas oublier le petit prince, alors je le décris ici.

considérer comme
~라고 간주하다

ce que ~ ~인 것

ne ~ plus 더 이상 ~ 않다.

décrire 묘사하다

# Grammaire

## ▣ 형용사의 성·수 일치

○ 형용사는 명사나 대명사를 수식하거나 주어나 목적어의 속사로 사용된다.

|  | 남성 | 여성 |
|---|---|---|
| 단수 | petit | petite |
| 복수 | petits | petites |

○ 수식하는 명사의 성과 수에 일치해야 한다.

○ 일반적으로 품질 형용사의 여성형은 남성형에 e를, 복수형은 남·여성 단수형에 s를 추가한다.

- J'ai une information très importante (...) / des détails importants. ▸ P. 19
  나는 (...) 아주 중요한 정보를 가지고 있다. / 주요 세부적인 사항들
- un(e) scientifique turc(turque) / des vêtements turcs ▸ P. 19
  터키 남성(여성) 과학자 / 터키 복장
- Il est seul. 그는 혼자다. / Elle est seule. 그녀는 혼자다.

## ▣ 의문 형용사 quel

○ '어떤'의 의미로 수식하는 명사의 성과 수에 일치해야 한다.

|  | 단수 | 복수 |
|---|---|---|
| 남성 | quel | quels |
| 여성 | quelle | quelles |

- Il a quel âge ? 그는 몇 살인가? ▸ P. 19
- Tu es de quelle planète ? 너는 어떤 별에서 온 거야? ▸ P. 16

## ▣ pouvoir / vouloir

| vouloir | |
|---|---|
| je | veux |
| tu | veux |
| il/elle | veut |
| nous | voulons |
| vous | voulez |
| ils/elles | veulent |

| pouvoir | |
|---|---|
| je | peux |
| tu | peux |
| il/elle | peut |
| nous | pouvons |
| vous | pouvez |
| ils/elles | peuvent |

[pouvoir]

○ 능력 : Je peux cueillir ma fleur. 나는 꽃을 꺾을 수 있다. ▸ P. 47

○ 허락 : Je peux m'asseoir? 앉아도 될까요? ▸ P. 36

[vouloir]

○ ~ + 명사 (을 원하다) :

- Si tu veux un ami, 네가 친구를 원한다면, ▸ P. 72

○ ~ + 동사원형 : ~하고 싶다

- Je veux oublier. 나는 잊고 싶어. ▸ P. 44

- Moi, je peux voir le coucher du soleil quarante-quatre fois.
  나는 일몰을 마흔네번 볼 수도 있어. ▸ P. 25

- eu철자의 발음은 단수와 복수가 달라요~
  il peut/veut [ø] /ils peuvent/veulent [œ]
- 음식점이나 상점에서 물건을 구매할 때는 vouloir의 조건법 현재형인 je voudrais를 사용하여 공손한 부탁의 느낌이 들게하죠.
  — Je voudrais un café, s.v.p. 커피 한 잔 주세요.

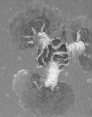

# Les Baobabs

Le troisième jour, j'entends une histoire sur le problème des baobabs.

　세 번째　　날　　들리다　　이야기　　문제　　바오밥

entendre 들리다

Le petit prince me demande brusquement :

　불쑥

— C'est vrai que les moutons mangent les petits arbres ?

　사실의　　나무

c'est vrai que
~ 가 사실이다

— Oui c'est vrai.

— Ah ! Je suis content ! Alors, les moutons, ils mangent aussi les baobabs ?

　기쁜　　또한

— Non, les baobabs ne sont pas de petits arbres. Ils sont grands comme

des églises.

　성당

Mais il dit sagement : — Avant d'être si grands, les baobabs commencent

　신중하게　　~전에　　de + 형용사 + 복수명사 ☞ p.54

avant de + inf
~ 하기전에

par être petits.

commencer par ~
~로 시작하다

— Oui c'est vrai. Mais pourquoi veux-tu que les moutons mangent les

petits baobabs ?

Il ne répond pas, je dois donc réfléchir pour trouver une réponse par moi-

　생각하다　　찾다　　대답

même.

　2군동사 ☞ p.32, 86

réfléchir 생각하다
trouver 찾다
par moi-même 나 스스로

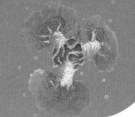

# Les Baobabs

명사 · 동사 · 형용사 · 기타

씨앗

Il y a de très mauvaises graines sur sa planète. Ce sont des graines de

기다리다       부수다

baobab. Si vous attendez pour arracher les baobabs, ils brisent la petite

planète du petit prince en morceaux.

falloir ☞ p.26 🔍

해야 한다       씻다

Le petit prince me dit plus tard : — Il faut arracher les baobabs comme on se

얼굴       지루한       쉬운

lave le visage tous les jours. C'est ennuyeux, mais c'est facile.

충고하다

Un jour, il me conseille de faire un dessin et de le montrer aux enfants sur

설명하다

cette Terre. Il m'explique : — Avec les baobabs, si tu ne fais pas ton travail

게으른

tous les jours, tu vas avoir des problèmes. Je connais un enfant paresseux sur

근접미래 ☞ p.79 🔍

보살피다

une planète, il ne s'occupe pas bien de ses trois arbres ...

덮인       어린이

Je dessine cette planète couverte de trois grands baobabs pour dire «Enfants !

조심하다

Attention aux baobabs !»

| | |
|---|---|
| attendre | 기다리다 |
| briser | 부수다 |
| en morceaux | 조각으로 |
| plus tard | 나중에 |
| falloir | 해야한다 |
| se laver | 씻다 |
| tous les jours | 매일 |
| conseiller | 충고하다 |
| expliquer | 설명하다 |
| s'occuper de ~ | ~ 을 보살피다 |

Chapitre 05

# Grammaire

## ■ 서수 nombres ordinaux

○ 서수 = 기수 + ième

• 첫 번째 : premier(première) 1$^{er}$ / 1$^{ère}$     • 마지막 : dernier(dernière)

| 기수 | | | 서수 | |
|---|---|---|---|---|
| deux | + | = | deuxième | 2$^e$, 2$^d$(de) (두번째) |
| trois | -ième | | troisième | 3$^e$ (세번째) |
| quatre | | | quatrième | 4$^e$ (네번째) |
| cent | | | centième | 100$^e$ (백번째) |

> • '첫 번째'와 '마지막'은 여성과 남성의 구분이 있어요.
> • 21, 31 .. 81의 서수는 vingt et unième (...) quatre-vingt-unième

• 2번째는 second(e)의 표현도 있다.

• -e로 끝난 기수는 ~~e~~ + ième : quatr~~e~~ → quatrième

  *예외 : neuf → neuvième, cinq → cinquième

## ■ 1군 동사 (2)

○ 어미가 -er로 끝나는 동사로 인칭에 따라 어미가 규칙적으로 변한다.

| | 인칭 | 어미 | aimer |
|---|---|---|---|
| 단수 | je | -e | j'aime |
| | tu | -es | tu aimes |
| | il/elle | -e | il/elle aime |
| 복수 | nous | -ons | nous aimons |
| | vous | -ez | vous aimez |
| | ils/elles | -ent | ils/elles aiment |

• Ils mangent aussi les baobabs?

  그들은 바오밥도 먹나? ▸ P. 22

• Les baobabas commencent par être petit.

  바오밥도 처음에는 작지. ▸ P. 22

> • -e, es, ent는 발음이 같아요.
> (j')aime (tu) aimes (ils) aiment
>                    [ɛm]
> • parler, parlez 도 발음이 같아요.
>              [paʀle]

## ■ 접속사 que

○ que는 두 개의 문장을 연결한다.

• Pourquoi veux-tu que les moutons mangent les petits baobabs ?

  너는 왜 양이 바오밥을 먹기를 바라니? ▸ P. 22

• Pour oublier que j'ai honte. 내가 창피하다는 것을 잊기 위해서 ▸ P. 44

○ 비교구를 연결한다.

• Tu es aussi sot que moi. 너도 나만큼 어리석어. ▸ P. 33

• Ma rose est plus importante que vous toutes. 나의 장미는 너희 모두보다 소중해 ▸ P. 74

> • que 절의 주어가 모음으로 시작
> qu'로 축약된다. qu'il / qu'elle /

# Les Couchers de Soleil

Ah ! petit prince, je comprends peu à peu ta petite vie mélancolique.

Depuis longtemps pour la disctraction tu n'as que la douceur des couchers de soleil.

Le quatrième jour, j'apprends ce détail quand tu me dit :

— J'aime bien les couchers de soleil. Allons voir un coucher du soleil...

— Mais il faut attendre ...

— Attendre quoi ?   의문대명사 quoi ☞ p.91 🔍

— Le soleil doit se coucher ...

La planète du Petit Prince est si petite qu'il peut voir le coucher du soleil à tout moment. S'il veut voir le coucher du soleil, il lui suffit d'avancer sa chaise de quelques pas.

Le petit prince me dit : — Moi, je peux voir le coucher du soleil quarante-quatre fois par jour. Tu sais... quand on est triste on aime les couchers de soleil...

---

comprendre 이해하다
peu à peu 조금씩

ne ~ que 단지 ~일뿐이다
🔍 p.26

apprendre 알다

aller 가다

falloir ~해야한다
attendre 기다리다

se coucher
눕다, 잠자리에 들다

si+형용사+que 주어+동사
너무 ~해서 ~하다

à tout moment 매순간
suffir de + inf
~ 하기에 충분하다

# Grammaire

## ◧ (…)prendre

| prendre<br>갖다, 사다, 먹다, 타다 | apprendre<br>배우다, 가르치다 | comprendre<br>이해하다, 포함하다 |
|---|---|---|
| je prends | j'apprends | je comprends |
| tu prends | tu apprends | tu comprends |
| il/elle prend | il/elle apprend | il/elle comprend |
| nous prenons | nous apprenons | nous comprenons |
| vous prenez | vous apprenez | vous comprenez |
| ils/elles prennent | ils/elles apprenent | ils/elles comprennent |

- Peu à peu, je comprends ta petite vie mélancolique.
  조금씩 나는 너의 쓸쓸한 삶을 알게 된다. ▸ P. 25
- J'apprends ce détail quand tu me dit.
  네가 말할 때에야 나는 그 사실을 알게된다. ▸ P. 25

> • prendre 동사변화에서 d와 s는 발음하지 않아요.
> 결국 prends과 prend은 발음이 같지요.

## ◧ falloir

| il faut + 동사원형 : ~해야한다 | il faut + 명사 : ~이 필요하다 |
|---|---|

- Il faut arracher les baobabs comme on se lave le visage tous les jours.
  매일 세수하듯 바오밥을 뽑아야 해. ▸ P. 23
- Il faut attendre …
  기다려야 해 ▸ P. 25
- Il faut 462511 allumeurs de lampadaires pour…
  46만 2천 5백 11명의 가로등 켜는 사람이 필요하다. ▸ P. 60

> • falloir 동사는 3인칭 단수 변화만 있다.

## ◧ ne … que

○ 단지 ~일 뿐 (= seulement )

- Depuis longtemps pour la distraction, tu n'a que la douceur des couchers de soleil.
  오랫동안 네게 심심풀이라고는 해질녘의 감미로움 밖에 없지. ▸ P. 25
- Il n'aime que les chiffres.
  그는 숫자만 좋아한다. ▸ P. 28

## Chapitre 07
# Les Moutons et les Fleurs

●명사  ●동사  ●형용사  ●기타

Le cinquième jour, il me demande soudain :

— Un mouton mange aussi les fleurs ?

Je lui réponds : — Un mouton mange n'importe quoi.

n'importe quoi 무엇이든

┌ 장미
— Un mouton mange des roses ?

— Oui, bien sûr.

bien sûr 물론이다

┌ 가시        ┌ 보호하다        ┌ 봉사하다, 소용되다
— Mais les roses ont des épines pour se protéger. À quoi servent les

se protéger 보호하다
servir à~ ~에 쓸모가 있다

épines ?

┌ 바쁜       ┌ 고치다
Je suis occupé à réparer mon avion alors je réponds n'importe quoi :

n'importe quoi 아무거나
ne~ rien 아무것도~ 않다

┌ 아무 것
— Les épines, ça ne sert à rien.

ça ne sert à rien
그것은 아무 소용없다

┌ 믿다, 생각하다          ┌ 약한
— Je ne te crois pas ! Les roses sont faibles, donc elles ont des épines.

croire 믿다, 생각하다

┌ 가혹한, 무시무시한
Elles pensent être terribles avec leurs épines. Tu crois vraiment que les

fleurs...

┌ 소리지르다
Je m'écrie : — Mais non ! Mais non ! Je ne crois rien. Tu ne vois pas ? Je

s'écrier 소리지르다

┌ 신중한
suis très occupé. Je répare l'avion. C'est un travail très sérieux !

Il me regarde. — Un travail sérieux ? Tu parles comme les grandes

┌ 섞다        ┌ 모든 것
personnes ! Tu mélanges tout...

mélanger 섞다

## Chapitre 07
# Les Moutons et les Fleurs

● 명사　● 동사　● 형용사　● 기타

┌분노
Il est très en colère.

┌알다                                                              ┌숫자
— Je connais un homme. Il n'aime personne. Il n'aime que les chiffres.

┌들이마시다
Il ne respire jamais une fleur, il ne regarde jamais une étoile.

Toute la journée, il répète sans cesse, comme toi :

«Je suis un homme sérieux !»

┌어려운　┌~에게　　　　　┌만들다　　　　　　　　　　┌생각하다
Il est difficile pour les fleurs de produire des épines. Mais tu penses que ce

┌세상
n'est pas important ? Il n'y a qu'une seule fleur au monde, mais un petit

┌부수다　　　　　┌부딪힘, 충격
mouton peut la détruire d'un seul coup ! Mais tu penses que ce n'est pas

important !

┌울다　┌~없이　　　┌소리　┌내버려두다┌떨어뜨리다　┌도구
Il pleure sans aucun son. Je laisse tomber mes outils.

┌잡다　　　　　┌팔
Je le prends dans mes bras. Je lui dis : — La fleur que tu aimes n'est pas

┌위험
en danger.

┌마스크
Je peux dessiner un masque pour ton mouton. Je peux...

Je ne sais pas quoi lui dire.

savoir 🔎 p.59

---

être en colère 화나다

connaître 알다
ne ~ personne 아무도 ~않다

respire 들이마시다, 숨쉬다

Toute la journée 하루종일
sans cesse 끊임없이

il est difficile de ~
~하는 것이 어렵다
produire 만들다
penser 생각하다

détruire 부수다
d'un seul coup 단번에

pleurer 울다
laisser 내버려두다
tomber 넘어지다, 떨어뜨리다
prendre 잡다

dans mes bras 내 품에
en danger 위험한

savoir 알다
quoi lui dire
뭐라고 말해야 할지

# Grammaire

## ▣ 부정대명사 rien / personne

◎ rien과 personne은 pas없이 ne와 함께 부정문을 만든다.

○ ne(n') + 동사 + rien : 아무것도 ~ 않다
- Les épines, ça ne sert à rien. 가시는 아무것에도 쓸모가 없어. ▸ P. 27
- Je ne crois rien ! 나는 아무 생각 안해! ▸ P. 27

○ ne(n') + 동사 + personne : 아무도 ~않다
- Il n'aime personne. 그는 아무도 사랑하지 않는다. ▸ P. 28
- Mais il n'y a personne ici à juger! 여기에는 판단할 사람이 아무도 없다. ▸ P. 38

> personne은 두 가지 품사가 있죠:
> - personne (여성 명사) : 인물, 사람
> - personne (부정대명사) : ne와 함께 쓰여 '아무도 ~않다.'

## ▣ Il est(C'est) 형용사 + de + 동사원형

○ Il est difficile/ facile/ nécessaire (...) de + 동사원형
  ~하는 것이 어렵다/ 쉽다/ 필요하다

- Il est difficile pour les fleurs de produire des épines.
  꽃에게는 가시를 만드는 것이 어려운 일이야. ▸ P. 28
- C'est bien de lui donner la peine de mort.
  그에게 사형을 명하는 것은 좋은 일이지. ▸ P. 38

## ▣ ne ... plus / ne ... jamais

○ ne(n') ... plus   더 이상 ... 않다
○ ne(n') ... jamais   결코 ... 않다

- Mon ami n'est plus avec moi.
  내 친구는 더 이상 나와 함께 있지 않다. ▸ P. 20
- Je n'ai plus besoin de ce globe.
  나는 더 이상 이 덮개가 필요없어요. ▸ P. 33
- Il ne faut jamais écouter ce qu'elle dit.
  그녀가 하는 말을 절대 들어서는 안된다. ▸ P. 31
- Je ne parle jamais à cette personne de serpent boa.
  나는 이 사람에게 보아 뱀에 대해 절대 말하지 않는다. ▸ P. 11

## Chapitre 08
# La Rose

●명사 ●동사 ●형용사 ●기타

Sur la planète du petit prince, il y a des fleurs très simples. Un jour,

quelque chose sort de terre. C'est une plante avec de petites feuilles.
[땅] [식물] [잎]

Le petit prince surveille de très près ces petites feuilles.
[지켜보다] [가까이]

La plante commence à préparer une fleur. Dans sa petite chambre verte,
[준비하다] [방] [녹색의]

la fleur se prépare à montrer sa beauté.  Elle choisit soigneusement les
[준비하다] [보여주다] [아름다움] [선택하다] [조심스럽게]

couleurs de ses pétales. Eh oui, elle est très coquette !
[색깔] [꽃잎] [멋 부리는]

La fleur se prépare longtemps. Finalement, elle se montre à l'heure du
[결국, 마침내] [모습을 드러내다] [~시간에]

lever de soleil.
[일출]

Mais la fleur dit : — Ah ! je me réveille à peine.., mais pardon... Je suis
[잠이 깨다] [용서]

décoiffée...
[머리가 헝클어진]

Le petit prince lui dit : — Que vous êtes belle !

— C'est l'heure, je crois, du petit déjeuner. Réfléchissez à mes besoins,
[시간] [아침식사] [생각하다] [필요한 것]

dit la fleur.          부분관사 ☞ p.75

Le petit prince apporte de l'eau fraîche.
[가져오다] [물] [시원한]

La fleur dit : — Je n'ai pas peur des tigres. J'ai quatre épines.
[공포] [호랑이] [가시]

— Les tigres ne mangent pas d'herbes, explique le petit prince.
[잡초, 풀]

| | |
|---|---|
| quelque chose 어떤 것 | |
| surveiller 지켜보다 | |
| préparer 준비하다 choisir 선택하다 | |
| se préparer à+inf ~ 하는 것을 준비하다 montrer 보여주다 se montrer 모습을 드러내다 | |
| se réveiller 잠이 깨다 à peine 가까스로, 겨우 | |
| Que 감탄문을 이끄는 접속사 | |
| c'est l'heure de + inf ~ 할 시간이다 réfléchir 생각하다 | |
| apporter 가져오다 | |
| avoir peur de ~ ~을 두려워하다 | |
| expliquer 설명하다 | |

# La Rose

● 명사　● 동사　● 형용사　● 기타

— Je ne suis pas une herbe. Eh bien... Moi, Je n'aime pas le vent. Tu me

┌ 바람

mets sous un globe en verre. Il fait très froid ici.

┌ 공, 구(球)　┌ 유리　　　　┌ 찬

Elle tousse deux fois.

┌ 기침하다

— Le globe en verre ?

Le petit prince aime la fleur de tout son cœur. Alors, il prend ses paroles au

┌ 좋아하다　　　　　　　　　┌ 마음, 심장　　　　┌ 말

sérieux.

Mais un jour, le petit prince me dit : — Il ne faut jamais écouter ce qu'elle

┌ 듣다

dit. Il faut regarder et respirer les fleurs.

Au lieu de prendre au sérieux des mots sans importance, il faut juger sur

┌ 중요성　　　　┌ 판단하다

les actes.

┌ 행위

en verre 유리로 된
Il fait froid 춥다

tousser 기침하다

aimer 좋아하다
de tout son cœur
온 마음을 다해
au sérieux 신중하게

écouter 듣다

Au lieu de ~대신에
juger 판단하다

# Chapitre 08
# Grammaire

## ▣ 재귀적 대명동사

○ 대명사를 포함하는 동사다.

○ 동사원형의 목적어 se가 주어를 반영하며 인칭별로 변화한다.

  • Pierre lave Pierre. ⇒ Pierre se lave. 삐에르는 (자신을) 씻는다.

| se laver |
|---|
| je me lave |
| tu te laves |
| il / elle / on se lave |
| nous nous lavons |
| vous vous lavez |
| ils / elles se lavent |

* me, te, se + 모음/ 무음 h → m' t' s'

• La fleur se prépare longtemps.
  꽃은 오랫동안 자신을 꾸민다. ▸ P. 30

• Elle se montre à l'heure du lever de soleil.
  그녀는 해 뜨는 시각에 모습을 드러낸다. ▸ P. 30

• Je t'ordonne de t'asseoir.
  너는 앉아도 좋아. ▸ P. 36

| se regarder | se lever | s'habiller | se coucher |
|---|---|---|---|

## ▣ 감탄문

○ 놀람이나 기쁨 등의 감정을 표현할 때 사용한다.

① Quel(quelle/quels/qulles) + 형용사 + 명사

  • Quelle drôle d'idée! 웬 재미난 생각이람! ▸ P. 17

② Que/Comme + 주어 + 동사

  • Que vous êtes belle! 당신은 정말 아름다와요! ▸ P. 30    • Comme c'est joli ! 정말 예쁘겠다 ! ▸ P. 19

## ▣ 2군 동사 (1)

○ 어미가 -ir로 끝나는 동사로 인칭에 따라 어미가 규칙적으로 변한다.

|  | 인칭 | 어미 | choisir / finir |
|---|---|---|---|
| 단수 | je | -is | je choisis / je finis |
|  | tu | -is | tu choisis /tu finis |
|  | il/elle | -it | il/elle choisit / finit |

  • Elle choisit les couleurs de ses pétales. 그녀는 꽃잎의 색깔을 고르고 있다. ▸ P. 30
  • Le petit prince gravit une haute montange. 어린왕자는 높은 산을 기어오른다. ▸ P. 67

## Chapitre 09
# Partir

● 명사　● 동사　● 형용사　● 기타

Le petit prince décide de partir. Avant de partir, il nettoie les trois volcans

sur sa planète.

Les petits volcans, si on les nettoie bien, ça chauffe comme un feu de

cheminée.

Le petit prince enlève les petites feuilles des baobabs. Il croit ne jamais

devoir revenir. Il arrose la fleur. Il se sent l'envie de pleurer.

— Adieu, dit-il à la fleur. Elle ne répond pas.

— Adieu, répète le petit prince.

Enfin, elle lui dit : — Je te demande pardon. Tu ne sais pas que je t'aime,

C'est ma faute. Je suis sotte. Mais tu es aussi sot que moi. Sois heureux...

Je n'ai plus besoin de ce globe.

— Mais le vent...

— L'air frais de la nuit me fait du bien. Je suis une fleur.

— Mais les bêtes...

— Ne traîne pas comme ça. C'est agaçant. Va-t'en. 　명령법 ☞ p.34

---

décider de +inf ~을 결심하다
avant de + inf ~하기 전에
nettoyer 청소하다

chauffer 데우다

enlever 제거하다　p.43
revenir 돌아오다

arroser 물 주다
se sentir 느끼다

demander pardon à qn
~에게 용서를 구하다

faire du bien à qn ~에게 좋다

traîner 꾸물거리다
comme ça 그런식으로
s'en aller 가버리다

Chapitre 09

# Grammaire

## ▣ 전치사 de를 동반하는 동사

○ [전치사 de + 동사원형]을 목적어로 취할 수 있는 동사들

| accepter de ~ 승낙하다 | décider de ~ 결정하다 |
|---|---|
| demander de ~ 요구하다 | essayer de ~ 노력하다 |
| finir de ~끝내다 | oublier de ~ 잊다 |

> • avant de + 동사원형 : ~ 하기 전에

• Le petit prince décide de partir.
어린왕자는 떠나기로 결심한다. ▸ P.33

## ▣ 명령법(2)

○ 명령법은 명령, 금지를 나타내기도 하고 충고, 격려, 양보 등의 표현에도 사용된다.

○ être : sois  soyez  soyons

• Sois heureux... 행복해(요)... ▸ P. 33

○ 대명동사 : 재귀 대명사를 강세형 인칭대명사로 바꾸어 동사 뒤에 위치시킨다.

• Approche-toi ! 가까이 다가오라 ! ▸ P. 36

> s'en aller의 명령법은
> Vas-t'en !
> Allons-nous en !
> Allez-vous en !

## ▣ 비교급 (형용사와 부사)

○ 우등비교 : plus + 형용사/부사 + que (~보다 더 ~)

• Sa planète est un peu plus grande qu'une maison.
그의 별은 집한채 보다 조금 더 크다. ▸ P.19

○ 열등비교 : moins + 형용사/부사 + que ( ~ 보다 덜 ~)

• Mon dessin est moins ravissant que lui.
내 그림은 실제의 그보다 덜 멋지다.

• Cet homme est moins étrange que les autres.
이 사람은 다른 사람들보다는 덜 특이하다. ▸ P.51

○ 동등비교 aussi + 형용사/부사 + que

• Tu es aussi sot que moi. 너도 나만큼 어리석어. ▸ P.33

• Il tombe aussi doucement qu'un arbre tombe. 그는 나무가 쓰러지듯 서서히 쓰러진다. ▸ P.90

\* 부정문에서는 aussi 대신 si 를 쓸 수 있다.

• Pas si petit que ça. 그렇게 작지는 않아. ▸ P.14

> • 특수한 비교급
> bon ⇒ meilleur    bien ⇒ mieux

Chapitre 09

# Grammaire

■ 동사 aller / s'en aller

| aller | s'en aller |
|---|---|
| je vais | je m'en vais |
| tu vas | tu t'en vas |
| il/elle va | il/elle s'en va |
| nous allons | nous nous en allons |
| vous allez | vous vous en allez |
| ils/elles vont | ils/elles s'en vont |

○ aller 동사는 '~지내다, 괜찮다', '~에 가다'의 의미로 '가다'의 의미일 때는 장소의 부사(구)가 필요하다.

- Oh, ça va, les enfants savent. 아! 괜찮아요. 아이들은 다 알고 있으니까. ▸ P.84
- Le petit prince va aux roses. 어린왕자는 장미들에게로 간다. ▸ P.73

○ s'en aller동사는 '가버리다'의 의미로 장소의 부사구 없이 단독으로 사용된다.

- Mais le serpent s'en va. 그러나 뱀은 가버린다.

| Ça va ? 괜찮아?<br>– très mal. 많이 아파요. | Comment ça va ?<br>어떻게 지내(요)?<br>– Je vais bien.<br>잘 지내(요). | Je vais à l'école.<br>나는 학교에 간다. | Moi, je m'en vais.<br>난 갈래.<br>– Au revoir.<br>안녕. |

## Chapitre 10
# Le Roi

●명사 ●동사 ●형용사 ●기타

┌ 방문하다
Le petit prince visite les étoiles de 325 juqu'à 330.

┌ 왕
Sur la première étoile, il y a un roi. Quand le roi voit le petit prince, il dit :

┌ 여기/저기)에~이 있다  ┌ 신하
— Ah ! voilà un sujet.

┌ 모든
Pour les rois, tous les hommes sont des sujets.

┌ 가까이 오다
— Approche-toi.

┌ 앉다        ┌ 머물다  ┌ 서있는  ┌ 왜냐하면 ~때문이다  ┌ 자리
Le petit prince veut s'asseoir, mais il reste debout car il n'y a pas de place

il y a ☞ p.66 🔍

pour s'asseoir.

┌ ~ 때문에   ┌ 피곤한              ┌ 하품하다          ┌ 금지하다
Comme il est fatigué, le petit prince bâille, mais le roi lui interdit de bâiller.

comme ☞ p.59 🔍

— J'ai sommeil, donc je ne peux pas m'en empêcher.

┌ 명령하다              ┌ 명령
— Ah ! Alors je t'ordonne de bâiller. C'est un ordre, dit le roi.

— Vous me faites peur... je ne peux plus.

┌ 권력
Le roi est un peu en colère car il a un grand pouvoir.

┌ 이성적인
Mais c'est aussi un bon roi car il donne des ordres raisonnables.

— Est-ce que je peux m'asseoir? demande le petit prince.

— Je t'ordonne de t'asseoir, répond le roi.

---

**visiter** 방문하다
**de ...à** ~부터 ~ 까지

**s'approcher** 가까이 오다

**s'asseoir** 앉다
**rester** 머물다

**bâiller** 하품하다
**interdir de + inf** ~을 금지하다

**ordonne** 명령하다

**faites peur** 두렵게 하다

# Le Roi

— Seigneur, dit-il au roi. Sur quoi régnez-vous ?

régner 지배하다

— Sur tout, dit le roi.

부정대명사 tout ☞ p.68 🔍

— Sur tout ?  demande le petit prince.

— Les étoiles vous obéissent ?

obéir 복종하다

— Bien sûr que oui, dit le roi.

Le petit prince pense : 'Quelle grande puissance ! S'il possède ce pouvoir,

posséder 소유하다

il n'a pas besoin de déplacer sa chaise pour admirer le coucher du soleil.'

déplacer 이동하다
admirer 찬양하다

— Je voudrais voir le coucher du soleil... Ordonnez au soleil de se coucher

vouloir 원하다

... dit le petit prince.

— Si j'ordonne à un général d'exécuter un ordre impossible, qui a tort ?

exécuter 실행하다

Si ☞ p.41 🔍

Moi ou le général ?

— Vous, dit le petit prince.

— C'est vrai, dit le roi.

# Le Roi

— Les ordres doivent être raisonnables.

— Et mon coucher de soleil ? demande le petit prince.

— Tu peux avoir ton coucher de soleil, mais tu dois attendre, le roi répond.

— Jusqu'à quand?

Jusqu'à ~까지

— Hum ! Hum ! Ce soir, vers huit heures moins vingt.

다시 출발하다

— Je n'ai plus rien à faire ici. Je vais repartir, dit-il au roi.

repartir 다시 출발하다

접두사 re ☞ p.75

— Ne pars pas, dit le roi.

법무부 장관

— Je te fais ministre de la Justice ! dit le roi au petit prince.

심판하다

— Mais il n'y a personne ici à juger ! dit le petit prince.

juger 심판하다

너 자신

— Alors tu te jugeras toi-même.

n'importe où 어디서나

— Mais je peux me juger n'importe où.

늙은     쥐

— Eh bien, alors tu peux juger la vieille souris sur notre étoile.

고통       죽음

C'est bien de lui donner la peine de mort.

peine de mort 사형

계속하다        길

— Je ne veux mettre personne à mort. Je dois continuer mon chemin.

continuer 계속하다

— Non, dit le roi.

# Chapitre 10
# Le Roi

● 명사　● 동사　● 형용사　● 기타

— 따르다

— Si vous m'ordonnez d'y aller, je peux suivre votre ordre, dit le petit

prince. Mais le roi n'a pas de réponse.

Alors le petit prince continue son chemin.

suivre 따르다

# Grammaire

---

## ■ 부정문에서의 de (pas de/ pas d')

○ 부정문에서 부정관사와 부분관사는 de로 바뀐다.

un, une, des, du, de l' ⇒ ne ... pas de, pas d'

- Il n'y a pas de place pour s'asseoir. 앉을 자리가 없다. ▸ P.36
- Les étoiles n'ont pas de propriétaire. 별에는 임자가 없다. ▸ P.47
- Je n'ai pas de temps pour dormir. 나는 잘 시간이 없다. ▸ P.51

○ 부정문에서도 정관사는 변화 없음.

le, la, les, l' ⇒ ne ... pas (le, la, les, l')

- Je n'aime pas le vent. 나는 바람을 좋아하지 않아요. ▸ P.31

---

## ■ parce que / car / comme

○ parce que :

① 이유를 설명

- Je suis content parce que ton avion est réparé maintenant. 아저씨 비행기를 고쳐서 다행이야. ▸ P.87

② pourquoi로 시작하는 질문에 대한 대답

- Pourquoi vends-tu ça ? – Parce que ça fait gagner du temps aux gens.
  왜 그걸 팔아요? – 사람들에게 시간을 절약하게 해 주기 때문이지. ▸ P.78

○ car : 질문에 대한 대답이 아니라 어떤 사실에 대해 이유를 설명.

- Personne ne croit ses paroles car il porte des vêtements turcs.
  아무도 그의 말을 믿지 않는다. 왜냐하면 그가 터키 복장을 하고 있기 때문이다. ▸ P.19
- Il reste debout car il n'y pas de place pour s'asseoir.
  앉을 자리가 없어서 그는 똑바로 서있다. ▸ P.36

> comme가 전치사일 때는 "~처럼. ~와 마찬가지로"
> Tu n'es qu'un garçon **comme** les autres.
> 너는 다른 아이들과 마찬가지로 (다르게 없는) 한 소년에 지나지 않아. ▸ P.72

○ comme : 주절보다 앞에 온다.

- Comme il est fatigué, le petit prince bâille. 어린왕자는 피곤해서 하품을 한다. ▸ P.36

---

## ■ 의문문 (2)

○ Est-ce que + 주어 + 동사 ?

○ 의문사 + est-ce que 주어 + 동사 ?

- Est-ce que je peux m'asseoir? 앉아도 될까요? ▸ P.36
- Pourquoi bois-tu ? = Pourquoi est-ce que tu bois? 술은 왜 마셔요? ▸ P.44

---

# Chapitre 10
# Grammaire

## ◼ si (1)

○ 접속사 : 가정, 조건의 표현. '만약에 ~라면'

- Si tu es gentil, je peux te donner une corde pour attacher le mouton.
  네가 착하게 굴면, 양을 매어놓을 밧줄을 줄 수 있어. ▸ P.17
- Si un explorateur ment, ce livre devient faux.
  탐험가가 거짓말을 하면, 그 책은 부정확해지니까. ▸ P.57

○ 부사 : 아주

- Avant d'être si grands(...)
  아주 커지기 전에는(...) ▸ P.22
- Toi, si faible sur cette Terre, je peux t'aider.
  이 지구에서 몹시 약한 너를, 내가 도와줄 수 있어. ▸ P.63

○ si ~ que와 함께 원인, 결과를 나타냄

- La planète du Petit Prince est si petite qu'il peut voir le coucher du soleil à tout moment.
  어린 왕자의 별은 너무 작아서 매 순간 저녁노을을 볼 수 있다. ▸ P.25

○ Même si : 비록 ~ 일지라도

- Même si je t'admire, à quoi ça sert?
  내가 당신을 찬양한다 해도 그게 무슨 소용이 있어요? ▸ P.42

# Chapitre 11
# Le Vaniteux

●명사 ●동사 ●형용사 ●기타

┌ 허영심이 많은 사람 ┌ 살다
Un vaniteux habite sur la deuxième étoile,

habiter 살다

Lorsqu'il voit le petit prince, il dit : — Ah ! Ah ! Tu viens m'admirer.

— Vous avez un drôle de chapeau, dit le petit prince.

┌ 인사하다 ┌ 환호하다, 갈채를 보내다 ┌ 불행히도
— Ce chapeau est pour saluer quand on m'acclame. Malheureusement il

saluer 인사하다
acclamer 환호하다

┌ 지나가다 ┌ 때리다 ┌ 손
ne passe jamais personne par ici. Frappe tes mains, dit-il au petit prince.

passer 지나가다
frapper les mains
손뼉을 치다

┌ (모자, 외투 등)벗다
Le petit prince frappe ses mains. Puis le vaniteux enlève son chapeau.

enlever (모자, 외투 등)벗다

┌ 행동
Le petit prince et lui répètent ces actions pendant cinq minutes.

┌ 떨어트리다
— Que faut-il faire pour que le chapeau tombe par terre ? demande le petit

tomber 떨어트리다
pour que ~하기 위해
par terre 바닥으로

┌ 찬사, 칭송
prince. Le vaniteux ne peut entendre que les louanges.

┌ 정말로
— Est-ce que tu m'admires vraiment ? dit-il.

┌ 의미하다
— Qu'est-ce que signifie «admirer» ? demande le petit prince.

signifier 의미하다

┌ 최고 ┌ 행성
— Admirer signifie que je suis le meilleur en tout de la planète.

en tout 전체

— Mais tu es le seul homme sur ton étoile ! Même si je t'admire, à quoi ça

à quoi ça sert
무슨 소용이 있나

sert ?

**42** | Le Petit Prince

# Grammaire

## ■ 특수한 1군동사 – é + 자음 + er

○ 1군 동사 중에는 발음상의 문제로 동사변화시 accent을 찍어주는 경우가 있다.

| –é + 자음 + er유형 | |
|---|---|
| répéter | |
| je répète | nous répétons |
| tu répètes | vous répétez |
| il/elle tu répète | ils/elles répétent |

*répéter 유형 :
expérer(바라다), préférer (더 좋아하다) …

| –e + 자음 + er유형 | |
|---|---|
| enlever | |
| j'enlève | nous enlevons |
| tu enlèves | vous enlevez |
| il/elle enlève | ils/elles enlèvent |

*enlever 유형 :
acheter(구매하다), promener (산책하다) …

• Et il répète : – S'il vous plaît ... dessine-moi un mouton ...

그러자 그는 저기 ... 나 양 한 마리 그려줘 ... 라고 되풀이한다. ▸ P.13

• Puis le vaniteux enlève son chapeau. 그러자 허풍장이는 모자를 들어올린다. ▸ P.42

## ■ 목적보어인칭대명사

### 직접목적보어인칭대명사

| | 단수 | 복수 |
|---|---|---|
| 1인칭 | me(m') | nous |
| 2인칭 | te(t') | vous |
| 3인칭 | le/la(l') | les |

○ 직접목적보어를 대신하며 동사 앞에 위치.

• Je t'aime.
난 널 사랑해. ▸ P.33

• Tu m'admires vraiment ?
너는 정말로 날 찬양하지? ▸ P.42

### 간접목적보어인칭대명사

| | 단수 | 복수 |
|---|---|---|
| 1인칭 | me(m') | nous |
| 2인칭 | te(t') | vous |
| 3인칭 | lui | leur |

○ 간접목적보어(à+qn)을 대신하며 동사 앞에 위치.

• Je t'ordonne de baîller.
나는 네게 하품할 것을 명한다. ▸ P.36

• Le petit prince lui dit.
어린왕자가 그에게 말한다. ▸ P.30

• ordonner à qn de inf.
• dire à qn

일반적으로 우리 말로 '~에게'로 해석되면 간접목적보어인칭대명사로 생각하기 쉽지만,
동사 다음에 전치사 없이 목적어가 바로 오면, 그것은 직접목적보어 인칭대명사예요.

• remercier qn ~에게 감사하다 : Je la remercie.
• saluer qn ~에게 인사하다 : On le salue.

## Chapitre 12
# Le Buveur

● 명사 ● 동사 ● 형용사 ● 기타

┌ 술고래
Il y a un buveur sur la troisième étoile.

— Que fais-tu là? demande le petit prince.

┌ 마시다
— Je bois, répond le buveur.

boire 마시다

— Pourquoi bois-tu?

— Je veux oublier.

┌ 무엇
— Pour oublier quoi ? demande le petit prince.

┌ 창피함
— Pour oublier que j'ai honte, répond le buveur.

avoir honte 창피하다

— Honte de quoi ?

— Honte de boire !

┌ 이상한
Les grandes personnes sont très, très étranges, se dit-il en lui-même.

Le petit prince s'en va.

# Grammaire

## ▣ 의문대명사 qui, que

○ 의문대명사는 사람 혹은 사물을 나타내며 주어나 목적어, 속사 역할을 한다.

| | 주어 | 직접목적보어, 속사 |
|---|---|---|
| 사람 | qui + 동사 ? | qui + 동사 + 주어? |
| 사물 | — | que + 동사 + 주어 ?<br>qu'est-ce que + 주어 +동사 ? |

*의문사 다음에 est-ce que를 사용하면 주어와 동사가 도치되지 않아요.

○ qui

(1) 주어 :
- Qui a tort ? 누가 틀린 거지? · P.37

(2) 속사 :
- Qui êtes-vous ? 당신은 누구시죠? · P.67

(3) 직접목적보어 :
- Qui aimes-tu ? 년 누구를 사랑해?

○ que

(1) 직접목적보어
- Que fais-tu là ? = Qu'est-ce que tu fais là ?
  거기서 뭐해? · P.13, 44
- Que peux-tu faire avec ces étoiles?
  그 별들로 무엇을 할 수 있나요? · P.47

(2) 속사
- Qu'est-ce que c'est ? (= C'est quoi ?) 이건 뭐야?

## ▣ Qu'est-ce que c'est ?

○ Qu'est-ce que c'est ? 에 대한 답변은 단수와 복수 모두 가능하다.

Qu'est-ce que c'est ?  이것(들)은 무엇인가요?

C'est un avion.
C'est un baobab.

Ce sont des avions.
Ce sont des baobabs.

## ▣ 의문부사

| 장소 | où<br>d'où (de+où) | • Chez toi, c'est où ? 너의 집은 어디에 있어? · P.16<br>• Tu viens d'où ? 너는 어디서 온거니? · P.16 |
|---|---|---|
| 수량 | combien<br>combien de + 명사 | • Son père gagne combien ? 그의 아버지는 수입이 얼마니? · P.19<br>• Combien de frères a-t-il ? 그는 형제가 몇명이니? |
| 이유 | pourquoi | • Pourquoi bois-tu ? 당신은 왜 술을 마셔요? · P.44<br>• Pourquoi ça ? 그건 왜죠? · P.57 |

## Chapitre 13
# Le Businessman

●명사　●동사　●형용사　●기타

┌사업가
Sur la quatrième étoile, il y a un businessman.

— Bonjour, lui dit le petit prince.

— Trois et deux font cinq. Cinq et sept douze. Douze et ... Bonjour. Quinze

et sept font vingt-deux. Ouf ! Ça fait cinq cent un millions.

— Cinq cents millions de quoi ? demande le petit prince.

— Hein ? Tu es toujours là ? Je fais un travail très sérieux, moi.

— Cinq cents millions de quoi ?, demande encore le petit prince.

Le businessman lève la tête :

┌방해하다　┌단지
— Depuis quarante-trois ans, on me dérange seulement trois fois. La
　　　　　　　인칭대명사 on ☞ p.64 🔍

┌소리, 소음
première fois à cause du bruit d'un animal. La deuxième fois, à cause d'un

┌고통　　┌등
mal de dos. La troisième fois, c'est maintenant ! Cinq cent un million ...

— Millions de quoi ? demande encore le petit prince.

┌반짝이는
— Des millions de ces petites choses brillantes, répond le businessman.

— Ah ! Tu veux dire les étoiles ? demande le petit prince.

— C'est bien ça. Des étoiles.

---

Ça fait + 숫자
합이 ~ 다 (계산)

déranger 방해하다

à cause du ~때문에

petites choses 작은 것들

---

# Chapitre 13
# Le Businessman

● 명사  ● 동사  ● 형용사  ● 기타

— Et que fais-tu de cinq cents millions d'étoiles ?

— Rien. Je les possède.

— A quoi ça te sert de posséder les étoiles ?

— Ça me sert à être riche.

부유한
— A quoi ça te sert d'être riche ?

구매하다
— Je peux acheter plus d'étoiles.

**acheter** 구매하다

Le petit prince pose encore des questions :

— Comment peut-on posséder les étoiles ?

다이아몬드 ~의 것이다
— Quand tu trouves un diamant, s'il n'appartient à personne, alors il est à

**appartenir** ~의 것이다
**être à+qn** ~의 것이다

소유주
toi. Les étoiles m'appartiennent parce qu'elles n'ont pas de propriétaire.

— Oui, c'est vrai, mais qu'est-ce que tu en fais ? dit le petit prince.

세다 다시 세다
— Je les compte et je les recompte, dit le businessman.

**compter** 세다
**recompter** 다시 세다

따다, 꺾다.
— Moi, si je possède une fleur, je peux cueillir ma fleur. Mais tu ne peux

**cueillir**
(꽃, 과일 등을) 따다, 꺾다

pas cueillir les étoiles ?

쓰다 수 종이
— Non, mais j'écris le nombre d'étoiles sur un papier et je peux mettre le

**écrire** 쓰다

은행
papier à la banque, répond le businessman.

# Chapitre 13
# Le Businessman

●명사 ●동사 ●형용사 ●기타

'C'est assez poétique', pense le petit prince.

— Moi, j'ai une fleur et trois volcans. J'en prends soin, et c'est ce que

signifie posséder. Mais on ne peut pas s'occuper des étoiles. Les grandes

┌ 아주 이상한          ┌ 중얼거리다
personnes sont extraordinaires, se dit le petit prince.

prendre soin 보살피다

se dire 중얼거리다

# Grammaire

## ◼ les nombres de 11 à 80

| 11 | 12 | 13 | 14 | 15 | 16 | 17 | 18 |
|---|---|---|---|---|---|---|---|
| onze | douze | treize | quatorze | quinze | seize | dix-sept | dix-huit |

| 19 | 20 | 21 | 22 | 23 | 30 | 31 | 32 |
|---|---|---|---|---|---|---|---|
| dix-neuf | vingt | vingt et un | vingt-deux | vingt-trois | trente | trente et un | trente-deux |

| 40 | 41 | 42 | 49 |
|---|---|---|---|
| quarante | quarante et un | quarante-deux | quarante-neuf |

| 50 | 51 | 59 | 60 |
|---|---|---|---|
| cinquante | cinquante et un | cinquante-neuf | soixante |

| 61 | 70 | 71 | 80 |
|---|---|---|---|
| soixante et un | soixante-dix | soixante et onze | quatre-vingts |

## ◼ les nombres de 81 à 99

| 81 | 82 | 89 | 90 |
|---|---|---|---|
| quatre-vingt-un | quatre-vingt-deux | quatre-vingt-neuf | quatre-vingt-dix |

| 91 | 92 | 99 |
|---|---|---|
| quatre-vingt-onze | quatre-vingt-douze | quatre-vingt-dix-neuf |

## ◼ les nombres de 100 à 1,000,000

| 100 | 101 | 102 | 199 |
|---|---|---|---|
| cent | cent un | cent deux | cent quatre-vingt dix-neuf |

| 200 | 467 | 1,000 | 1,000,000 |
|---|---|---|---|
| deux cents | quatre cent soixante-sept | mille | un milion |

# Grammaire

## ▣ 동사 faire

| faire ~하다 |
|---|
| je fais |
| tu fais |
| il/elle fait |
| nous faisons |
| vous faites |
| ils/elles font |

(1) '~하다'
- Qu'est-ce que tu fais là ?  거기서 뭐해(요)? ·P.13

(2) (계산) 합이 ~다
- Trois et deux font cinq. 3+2 = 5
- Ça fait cinq cent un millions .. 합이 오억일백만 ...

(3) faire + 동사원형 : ~하게 하다
- Je fais partir les trains. 나는 기차를 출발시킨다.

(4) 숙어
- Il fait nuit. 밤이다

> 철자 ai 발음에 유의하세요!
> je fais [ɛ] / nous faisons [ə]

## ▣ 중성대명사 en

○ '전치사 de + 명사'를 대신한다.

- Les étoiles m'appartiennent. – Mais qu'est-ce que tu en fais ? (faire de)
  별들은 내거야.  – 헌데 그것으로 뭘 하죠? ·P.47
- J'ai une fleur et trois volcans. J'en prends soin. (prendre soin de)
  나는 꽃 한송이와 세개의 화산이 있어. 나는 그들을 돌봐주지. ·P.48

○ '부정관사, 부분관사, 수량표현 + 명사'를 대신한다.

- Les hommes ? – Il en existe, je crois, six ou sept.
  사람들? 있긴 한 것 같아요. 예닐곱명쯤 ·P.65
- Ce médicament enlève la soif. On en avale un par semaine.
  이 약은 갈증을 없애주지. 일주일에 한 알을 먹으면 돼 ·P.78

# Chapitre 14
# L'Allumeur de Réverbère

● 명사 ● 동사 ● 형용사 ● 기타

La cinquième étoile est la plus petite. Il y a sur cette étoile un réverbère et
┌ 가로등

un allumeur de réverbère.
┌ 가로등 켜는 사람    최상급 ☞ p.66

— Je trouve que cet homme est moins étrange que les autres, se dit le
┌ 생각하다

petit prince.

trouver 생각하다

— C'est beau d'allumer et d'éteindre le réverbère . La beauté est vraiment
┌ 켜다      ┌ 끄다                    ┌ 아름다움

utile.
┌ 유용한

c'est beau de+inf
~ 하는 것이 아름답다

allumer 켜다
éteindre 끄다

— Bonjour. Pourquoi viens-tu d'éteindre ton réverbère ? dit le petit prince.

venir de + inf 방금 ~ 하다

— C'est la consigne. Bonjour, répond l'allumeur.
┌ 명령

— Quel est la consigne ?

— C'est d'éteindre mon réverbère. Bonsoir, il le rallume.
┌ 다시 켜다

rallumer 다시 켜다

— Je ne comprends pas, dit le petit prince.

— Il n'y a rien à comprendre. La consigne c'est la consigne. Bonjour.

Et il éteint son réverbère.

— Je fais un métier difficile. J'ai très sommeil. Je n'ai pas de temps pour
┌ 직업              ┌ 졸음              ┌ 시간

avoir sommeil
졸리다

dormir. Parce que la planète tourne de plus en plus vite.
┌ 빨리

de plus en plus
점점 더

## Chapitre 14
# L'Allumeur de Réverbère

●명사 ●동사 ●형용사 ●기타

Maintenant, elle fait un tour par minute. Je n'ai plus une seconde de repos.

— Ça , c'est drôle ! Une minute est un jour chez toi ? dit le petit prince

avec surprise.

— Oui, en ce moment, nous parlons depuis déjà un mois.

— Un mois ?

— Oui, trente minutes, c'est trente jours ! Bonsoir.

Et il rallume son réverbère.

Le petit prince veut l'aider. Il aime bien cette personne.

— Je peux te dire comment tu peux te reposer quand tu veux...Tu peux

faire le tour de cette étoile en trois pas. Il suffit de marcher lentement pour

rester au soleil. Quand tu veux te reposer, tu marches un peu.

— Ça n'aide pas. Moi, j'aime dormir. Bonjour! dit l'allumeur.

Et il éteint son réverbère.

**Glossary (right margin):**

| 초 | 휴식 |

faire un tour 한 바퀴 돌다
par minute 분당

avec surprise 놀라서

en ce moment 현재 (달)

aider 돕다 (돕다)

se reposer 쉬다 (쉬다)

suffire de+inf 충분하다 (걸음) (충분하다) (걷다) (천천히)
marcher 걷다
rester 머물다 (머물다)

# Chapitre 14
# L'Allumeur de Réverbère

Le petit prince se dit :

«C'est une personne merveilleuse. Il travaille pour les autres. Je veux être

son ami, mais sa planète est trop petite. Il n'y a pas de place pour deux...»

# Grammaire

## ▣ rien à + 동사원형

○ rien à + 동사원형 (~할 것이 아무 것도 없다)

• Il n'y a rien à comprendre. 이해할 건 아무것도 없지. ▸ P.51

## ▣ de + 형용사 + 복수명사

• Il y a de très mauvaises graines sur l'étoile.
별에는 아주 나쁜 씨앗이 있다. ▸ P.23

• Il y a de belles choses qu'on ne peut pas voir avec les yeux.
눈으로 볼 수 없는 아름다운 것들이 있지. ▸ P.80

## ▣ 전치사 en

○ en + 시간 : ~ 만에 (짧은 기간)

• Tu peux faire le tour de cette étoile en trois pas.
단지 세 걸음만으로 이 별을 한 바퀴 돌 수 있어. ▸ P.52

○ en + 재료

• globe en verre  유리로 된 덮개 ▸ P.31

## ▣ 근접 과거

○ venir de + 동사 원형 (방금 ~했다.)

| je viens | nous venons | |
|---|---|---|
| tu viens | vous venez | + 동사원형 |
| il/elle vient | ils/elles viennent | |

• Pourquoi viens-tu d'éteindre ton réverbère ?
왜 막 당신의 가로등을 껐나요? ▸ P.51

Chapitre 14
# Grammaire

## ■ 소유형용사(1)

• 소유형용사는 소유주의 인칭 및 피소유물의 성과 수에 일치해야한다.

| 소유주 \ 피소유물 | | 남성단수 | 여성단수 | 복수 |
|---|---|---|---|---|
| 단수 | 1인칭 | mon | ma | mes |
| | 2인칭 | ton | ta | tes |
| | 3인칭 | son | sa | ses |

• C'est mon dessin numéro 1. 이 것이 나의 그림 제 1호다. ▸ P.10
• Ma planète est tout petite. 저의 행성은 아주 작아요. ▸ P.57
• Je prends le petit prince dans mes bras. 나는 어린 왕자를 내 품에 안는다. ▸ P.81
• Parle-moi de ta planète ! 내게 너의 별에 대해 말해줘. ▸ P.57
• Pourquoi viens-tu d'éteindre ton réverbère ? 왜 막 (당신의) 가로등을 껐나요? ▸ P.51
• Il éteint son réverbère. 그는 그의 가로동을 끈다. ▸ P.51
• Elles ressemblent toutes à sa fleur. 그녀들은(장미) 모두 그의 장미를 닮았다. ▸ P.69

> ma, ta, sa + 모음/무음h
> ⇒ mon, ton, son
> ma amie ⇒ mon amie
> ta adresse ⇒ ton adresse

# Chapitre 15
# Le Géographe

●명사 ●동사 ●형용사 ●기타

La sixième étoile est très grande. Et un vieux monsieur est en train

⌐두꺼운, 뚱뚱한
d'écrire un gros livre.

— Quel est ce gros livre ? Que faites-vous ici ? demande le petit prince.

⌐지리학자
— Je suis un géographe.

— Qu'est-ce qu'un géographe ?

⌐위치                            ⌐바다              ⌐강
— Un géographe connaît l'emplacement des mers, des rivières et des

⌐산
montagnes, répond le vieux monsieur.

⌐재미있는
— Ça, c'est bien intéressant. Est-ce qu'il y a des mers sur votre planète ?

— Je ne sais pas, dit le géographe.

— Ah ! Et des montagnes ?

— Je ne sais pas.

⌐도시          ⌐강          ⌐사막
— Et des villes et des fleuves et des déserts ?

– Je ne sais pas non plus, dit  le géographe.

—  Mais vous êtes géographe !

⌐떠나다
— Oui, mais je ne suis pas voyageur. Un géographe ne peut pas quitter

⌐사무실
son bureau.

être en train de + inf
지금 ~ 하고 있다 (현재진행)

non plus ~또한
(부정문에 사용)

quitter 떠나다

# Chapitre 15
# Le Géographe

Le géographe continue. : — Un géographe écoute le récit d'un explorateur
[ 이야기]  [ 탐험가]

et l'écrit dans un livre. La moralité de l'explorateur est très importante.
[ 도덕성, 품행]

— Pourquoi ça ? demande le petit prince.

— Si un explorateur ment, ce livre devient faux. Et c'est très grave.
[ 거짓말하다]  [ ~이 되다]  [ 가짜의]  [ 심각한]

Mais toi... tu viens de loin ! Tu es un voyageur ! Parle-moi de ta planète !

Et le géographe ouvre son cahier et il tient un crayon.
[ 공책]  [ 쥐다]

— Ma planète est tout petite, dit le petit prince. J'ai trois volcans et une

fleur aussi.

— Je n'écris pas sur les fleurs, dit le géographe.
[ ~에 대하여]

— Pourquoi ça ? C'est le plus joli !

— Les géographies sont les livres très importants. Nous écrivons des
[ 지리책]

choses éternelles. Une montagne ne change pas et une mer ne part pas.
[ 영원한]

Mais les fleurs sont éphémères, dit le géographe.
[ 순간적인, 덧없는]

mentir 거짓말하다
devenir ~이 되다

de loin 멀리서
parler à ~ de ~
에게~ 대해 말하다
tenir 쥐다

# Le Géographe

●명사 ●동사 ●형용사 ●기타

— Mais qu'est-ce que signifie «éphémères» ? demande le petit prince.

— Ça signifie «qu'elles ne restent pas longtemps», répond le géographe.

— Ma fleur est éphémère, se dit le petit prince. Je la laisse seule chez moi !

┌ 쓸쓸한, 슬픈
Il se sent désolé.

┌ 지구                                ┌ 평판
— Allez sur Terre. Elle a une bonne réputation, dit le géographe.

Alors le petit prince continue son chemin en pensant à sa fleur.

## Chapitre 15
# Grammaire

---

### ▣ savoir / connaître

| savoir |
| --- |
| je sais |
| tu sais |
| il/elle sait |
| nous savons |
| vous savez |
| ils/elles savent |

| connaître |
| --- |
| je connais |
| tu connais |
| il/elle connaît |
| nous connaissons |
| vous connaissez |
| ils/elles connaissent |

○ savoir + que + 절(주어+ 동사)

• Vous savez que je ne dessine pas depuis longtemps.

○ savoir + 동사원형

• Je ne sais pas dessiner.
나는 그림 그릴 줄 몰라.

> • nous savons / nous avons
> [z]
> • vous savez / vous avez
> [z]

○ connaître + 사람, 장소, 보통명사

• Je connais un enfant paresseux (...) 게으름뱅이 아이를 하나 알고있어. ▸ P.23
• Un géographe connaît l'emplacement des mers (...) 지리학자는 바다 ... 위치를 알고 있지. ▸ P.56
• Ils veulent toujours connaître les chiffres. 그들은 항상 숫자를 알고 싶어 해. ▸ P.19

---

### ▣ 제롱디프

○ 형태 : en + 현재 분사
  └→ 직설법 현재 1인칭 복수 어간 + ant

| 직설법 현재 1인칭 복수 | 현재분사 |
| --- | --- |
| nous pensons | pensant |
| nous parlons | parlant |

○ 주절의 동사와 동시성을 나타낸다.

• Il continue son chemin en pensant à sa fleur. 그는 (그의) 꽃을 생각하며 자신의 길을 계속간다. ▸ P.58

---

### ▣ 접속사 comme

○ 이유

• Comme il est fatigué, le petit prince bâille. 어린왕자는 피곤해서 하품을 한다. ▸ P.36

○ 비교 (~처럼, ~와 같이) Comme + 명사

• Vous n'êtes pas du tout comme ma rose. 너희는 내 장미와 전혀 달라. ▸ P.74
• Tes pas me semblent comme une musique. 너의 발자국은 마치 음악과 같아. ▸ P.72

# La Terre

● 명사　● 동사　● 형용사　● 기타

La septième planète est la Terre. Beaucoup de gens vivent ici.
<small>┌ 살다</small>

                      vivre 살다

<small>┌ 대략     ┌ 10억</small>
Il y a environ deux milliards de grandes personnes.

<small>┌ 상상하다     ┌ 발명     ┌ 전기</small>
Imaginez ! Avant l'invention de l'électricité, il faut quatre cent soixante-

                      imaginer 상상하다

<small>               ┌ 불을 켜다   ┌ 길</small>
deux mille cinq cent onze allumeurs de lampadaires pour éclairer les rues.

                      éclairer 불을 켜다

<small>         ┌ 닮다     ┌ 공연</small>
Si vous regardez de loin les allumeurs, cela ressemble à un spectacle de

                      ressembler à 닮다

<small>┌ 발레</small>
ballet.

D'abord des allumeurs de Nouvelle-Zélande et d'Australie viennent.

                      D'abord 우선

<small>┌ 그리고나서</small>
Ensuite ceux de Chine et de Sibérie. Et cela continue jusqu'à l'Amérique

<small>               ┌ 속다, 오해하다</small>
du Sud et l'Amérique du Nord. Ils ne se trompent pas dans leur ordre

                      se tromper 속다, 오해하다

<small>   ┌ 무대     ┌ 장엄한, 웅대한</small>
d'entrée en scène. C'est grandiose !

Chapitre 16

# Grammaire

## ◼ 전치사 de, dans, sur

| de | ~로 부터 | ○ 장소<br>• Tu viens d'une autre étoile ? 너는 다른 별에서 온 거니? · P.16 |
|---|---|---|
| | ~의 | ○ 명사 A + de + 명사 B : B의 A<br>• la monotonie de ce jeu 이 놀이의 단조로움 |
| dans | ~안에 | ○ dans + 장소<br>• dans mon sac 내 가방 안에 |
| | ~후에 | ○ dans + 시간<br>• Elle part dans 5 minutes. 그녀는 5분 후에 출발한다. |
| sur | ~에 대한 | ○ 주제<br>• un livre sur la Forêt Vierge 원시림에 대한 책 · P.10 |
| | ~위에 | ○ 장소<br>• Nous sommes sur quelle planète ? 우리는 어느 별에 있는 거지? · P.62 |

## ◼ 강세형 인칭대명사

| | 단수 | 복수 |
|---|---|---|
| 1인칭 | moi | nous |
| 2인칭 | toi vous | vous |
| 3인칭 | lui/elle | les |

○ 주어를 강조할 때, 주어 앞에 사용.

• Moi, j'ai une fleur et trois volcans. 나는 꽃 한송이와 세 개의 화산이 있다. · P.48

○ 전치사 다음에 인칭 대명사가 오는 경우

• Une minute est un jour chez toi? 너의 별에선 1분이 하루야? · P.52

○ 명령법에서 목적어는 강세형으로

• Approche – toi. Apprivoise – moi. 내게 가까이 와. 나를 길들여줘. · P.72

• 목적어를 강조하는 경우도 있어요 :
Toi, si faible sur cette Terre, je peux t'aider. · P.19

○ C'est ~/Ce sont + 인칭대명사

• C'est moi. Ce sont eux. 그 사람은 나야. 그 사람들은 그들이야.

## Chapitre 17
# Le Serpent

●명사 ●동사 ●형용사 ●기타

Lorsque le petit prince arrive sur Terre, il est très surpris de ne voir

personne.

Il voit quelque chose bouger dans le sable. C'est une couleur dorée.
모래 / 금빛의

— Bonne nuit, dit le petit prince.

— Bonne nuit, dit le serpent.

— Nous sommes sur quelle planète ? demande le petit prince.

— Sur la Terre, en Afrique. C'est le désert. Il n'y a personne dans le désert,

répond le serpent.

Le petit prince s'assoit sur une pierre et lève les yeux vers le ciel.
돌

— Regarde ma planète. Elle est juste au-dessus de nous.
바로 / ~위에

au-dessus de ~위에

— Elle est belle, dit le serpent. Que viens-tu faire ici ?

— J'ai des difficultés avec une fleur, dit le petit prince.

— Où sont les hommes ? On est un peu seul dans le désert..., dit le petit

prince.

— On est seul aussi chez les hommes, dit le serpent.

# Chapitre 17
# Le Serpent

● 명사  ● 동사  ● 형용사  ● 기타

┌ 오랫동안
Le petit prince regarde longuement le serpent.

┌ 짐승  ┌ 마른          ┌ 손가락
— Tu es une drôle de bête, mince comme un doigt ... Je pense que tu

┌ 힘센, 권력 있는
n'es pas bien puissant.

┌ 보내버리다
— Je suis très puissant. Je peux renvoyer n'importe qui chez lui quand

renvoyer 보내버리다
n'importe qui 누구든

┌ 건드리다, 만지다
je le touche. Toi, si faible sur cette Terre, je peux t'aider. Un jour si tu

toucher 건드리다, 만지다

┌ 아쉬워하다
regrettes trop ta planète, je peux... dit le serpent.

regretter
아쉬워하다, 그리워하다

— Je comprends, dit le petit prince.

# Grammaire

## ▣ 전치사 chez

○ 전치사 chez는 "~의 집에, 나라에" 등의 뜻이 있다.

○ chez + 강세형 인칭대명사, 사람 이름, 직업명사

- Je la laisse seule chez moi.
  나는 그녀를 혼자 집에 두었다. ▸ P.58
- Tu peux rentrer chez toi. Moi aussi je rentre chez moi aujourd'hui.
  너는 집에 돌아갈 수 있구나. 나도 오늘 집에 돌아가. ▸ P.87-88

## ▣ n'importe + 의문사

○ 전치사 chez는 "~의 집에, 나라에" 등의 뜻이 있다.

- Je peux renvoyer n'importe qui chez lui.
  나는 누구든 그의 집 (그가 태어난 곳) 으로 보낼 수 있어. ▸ P.63

○ n'importe quoi 무엇이든

- Un mouton mange n'importe quoi.
  양은 아무거나 (무엇이든) 먹어. ▸ P.27

○ n'importe quand/où 아무 때나, 어디나

- Mais je peux me juger n'importe où.
  나는 어디서든 나를 판단할 수 있어요. ▸ P.38

## ▣ 인칭 대명사 on

○ 주로 회화체에서 nous 대신 사용되며 언제나 단수 취급

- Ce n'est pas le moment de parler du renard. On va mourir.
  여우 얘기 할 때가 아니야. 우린 죽을거야. ▸ P.80

○ 특정하지 않은 일반적인 사람을 가리키며 이때도 단수 취급

- Il faut arracher les baobabs comme on se lave. 마치 세수하듯 바오밥을 뽑아야해. ▸ P.23
- On ne sait jamais où les trouver. 그들을 어디서 찾을 지 아무도 몰라. ▸ P.65
- On en avale une par semaine. 일주일에 한 알을 삼킨다. ▸ P.78

## Chapitre 18
# La Fleur du Désert

●명사　●동사　●형용사　●기타

Le petit prince rencontre une fleur dans le désert.

— Bonjour, dit le petit prince.

— Bonjour, dit la fleur.

— Où sont les hommes ? demande le petit prince.

— Les hommes ? Il en existe, je crois, six ou sept. mais on ne sait jamais

où les trouver. Le vent les promène. Les hommes n'ont pas de racines.

promener 산책시키다

— Adieu, dit le petit prince.

— Adieu, dit la fleur.

# Grammaire

## ▣ Il y a + 단수 / 복수

○ 어떤 장소에 사람이나 사물이 있음을 표현할 때 사용.

- Devant moi, il y a un petit garçon. 내 앞에 작은 소년이 하나 있다. ▸ P.13
- Il y a des fleurs très simples. 아주 단순한 꽃들이 있다. ▸ P.30
- Il n'y a personne ici à juger ! 여기에는 심판할 사람이 아무도 없어요! ▸ P.38

○ 부정문에서 부정관사와 부분관사는 de로 바뀜

- Il n'y a pas de problème ! 문제 없어!
- Il n'y a plus d'eau. 더 이상 물이 없다.

## ▣ 최상급

○ 형용사의 최상급 : le/la/les + 형용사의 비교급 + (de ...)

- C'est le plus joli ! 그게 가장 예쁜데! ▸ P.57
- Je suis le meilleur en tout de la planète. 내가 이 별에서 가장 훌륭하지. ▸ P.42
- La cinquième étoile est la plus petite. 다섯 번째 별이 가장 작다. ▸ P.51
- Ça, c'est pour moi, le plus beau et le plus triste paysage du monde.
  이것이 내겐 세상에서 가장 아름답고 슬픈 풍경이다. ▸ P.93

> - bien의 비교급 mieux
>   bien의 최상급은 le mieux
> - C'est le mieux ! 이것이 최선이다!

## ▣ 수량 부사 un peu, assez, trop, beaucoup

○ un peu(약간), assez(충분히), trop(지나치게), beaucoup(많이)는 수량의 부사로서 형용사나 부사, 동사를 수식한다.

- Le roi est un peu en colère. 왕은 약간 화가 났다. ▸ P.36
- C'est assez poétique. 그것 몹시 시적이군! ▸ P.48
- C'est trop lourd pour toi. 이건 네게 너무 무거워. ▸ P.83
- Ce mouton mange beaucoup ? 이 양은 많이 먹어? ▸ P.14

| un peu | | 약간의 |
|---|---|---|
| assez | de + (무관사)명사 | 충분한 |
| trop | | 지나친 |
| beaucoup | | 많은 |

- Il y a assez d'herbe pour lui. 그를 위한 충분한 풀이 있어. ▸ P.14
- La septième planète est la Terre. Beaucoup de gens vivent ici.
  일곱번째 별은 지구다. 많은 사람이 여기에 살고 있어. ▸ P.60
- Toi, tu as beaucoup de petits grelots et moi, j'ai beaucoup de puits.
  너(아저씨)는 많은 방울이 생기고 나는 많은 샘이 생기고. ▸ P.90

# La Haute Montagne

기어오르다  ┌ 높은
Le petit prince gravit une haute montagne.

gravir 기어오르다

올라가다
Il pense : 'Si je monte en haut, je peux voir toute la planète et tous les

monter 올라가다

산봉우리 바위투성이의
hommes...' Mais il ne voit que des pics rocheux.

— Bonjour, dit-il à tout hasard.

à tout hasard 혹시나하고

메아리
— Bonjour... Bonjour... Bonjour..., répond l'écho.

— Qui êtes-vous ? dit le petit prince.

— Qui êtes-vous ... qui êtes-vous ... qui êtes-vous ..., répond l'écho.

┌ 야릇한                          ┌ 건조한  ┌ 뾰족한       ┌ 더러운
« Quelle drôle de planète ! Elle est toute sèche, pointue et salée.

Elle répète ce que je dis. Ma fleur me parle toujours la première...»

ce que ☞ p.82

Chapitre 19

# Grammaire

## ■ 부정형용사 tout

|  | 남성 | 여성 |
|---|---|---|
| 단수 | tout [tu] | toute [tut] |
| 복수 | tous [tu] | toutes [tut] |

- tous les jours 매일
  tout le jour 하루 종일
- toute la nuit 밤새도록
  toutes les nuits 매일 밤마다

○ tout(e) + 관사 • 소유형용사 • 지시형용사 + 명사 : 전체, ~내내
○ tous, toutes + 관사 • 소유형용사 • 지시형용사 + 명사 : 모든~, ~ 마다

- Je peux voir toute la planète et tous les hommes.
  나는 그 행성 전체와 모든 사람들을 볼 수 있다. ▸ P.67
- Toutes les étoiles sont tes amies. 모든 별들이 너의 친구지. ▸ P.89

## ■ 부정대명사 tout

○ 사람과 사물을 모두 지칭하며 "모두"의 의미다.

|  | 남성 | 여성 |
|---|---|---|
| 단수 | tout | – |
| 복수 | tous | toutes |

- tous의 끝자음 s[s]는 발음한다.

○ tout : 단수의 경우 중성으로서 성•수 구분이 없고 주어나 목적어로 사용.

- Tout va bien. 모든 게 잘 되어가고 있다.
- Voilà... c'est tout... 자...이게 다야... ▸ P.90

○ tous, toutes : 성수에 따라 형태가 변함.

- Elles ressemblent toutes à sa fleur. 그녀들(장미들)은 모두 그의 꽃을 닮았다. ▸ P.69
- Ils sont tous contents. 그들은 모두 만족한다.

## ■ 부사 tout

○ tout가 부사인 경우에는 très, parfaitement의 의미로 형용사나 부사를 수식

- Chez moi, c'est tout petit... 저의 행성은 아주 작아요... ▸ P.14

○ 주어가 여성일 경우, 주어에 일치

- Elle est toute sèche, pointue et salée. 이 것(행성)은 몹시 메마르고 뾰족뾰족하고 각박하다. ▸ P.67

# Le Jardin des Roses

Après une longue marche à travers les sables, les rocs et les neiges, le

petit prince découvre un jardin avec des roses. Elles ressemblent toutes à

sa fleur.

— Bonjour, dit-il aux roses.

— Bonjour, disent les roses.

— Qui êtes-vous ? demande le petit prince, stupéfait.

— Nous sommes des roses.

— Ah !

Sa fleur lui dit qu'elle est la seule au monde. Il se sent malheureux.

Si ma fleur sait cela, elle peut être très vexée. Peut-être qu'elle fait

semblant de mourir par peur du ridicule.

— Je pense être riche d'une fleur unique, mais je ne le suis pas. J'ai une

rose commune et trois volcans. Ça ne fait pas de moi un grand prince...

Et couché dans l'herbe, il pleure.

---

à travers ~을 통해서

fait semblant de
~척 하다

mourir 죽다

# Grammaire

## ▣ 정관사

| 단수 | | 복수 |
|---|---|---|
| 남성 | le (l') | les |
| 여성 | la (l') | |

○ 유일한 것을 가리킬 때 (태양, 달, 산(맥) 등)

- Sur la forêt vierge. 원시림에 관한 ▸ P.10
- Le soleil doit se coucher.
  태양이 잠자리에 들어야 해. ▸ P.25

○ 총체적인 것을 나타낼 때

- Les fleurs sont éphémères. 꽃이란 덧없지. ▸ P.57
- L'essentiel est invisible pour les yeux. 본질적인 것은 눈에 보이지 않아. ▸ P.74

○ 한정된 것, 서로 알고 있는 것을 나타낼 때

- Il sort soigneusement de sa poche le dessin du mouton.
  그는 주머니에서 조심스럽게 양의 그림을 꺼낸다. ▸ P.16

## ▣ 축약관사

○ 축약관사란 "전치사 à / de + 정관사"

| | le | la | les |
|---|---|---|---|
| à | au (à l') | à la (à l') | aux |
| de | du (de l') | de la (de l') | des |

- Ma rose est unique au monde. 나의 장미는 이 세상에 단 하나야. ▸ P.73
- C'est mieux de revenir à la même heure. 같은 시간에 돌아오는 게 더 좋아. ▸ P.73
- Bonjour, dit-il aux roses. 안녕, 그가 장미들에게 말한다. ▸ P.69
- La moralité de l'explorateur est très importante. 탐험가의 품행은 아주 중요하다. ▸ P.57
- L'air frais de la nuit me fait du bien. 시원한 밤 공기가 기분을 좋게 한다. ▸ P.33

# Chapitre 21
# Le Renard

●명사 ●동사 ●형용사 ●기타

Puis un renard vient vers lui : — Bonjour !
┌ 여우      ┌ ~를 향해

Mais le petit prince ne voit rien.

— Je suis là, sous le pommier.., dit la voix.
        ┌ 포도나무

— Qui es-tu? dit le petit prince.

— Je suis un renard, dit le renard.

— Viens jouer avec moi. Je suis tellement triste.
    ┌ 놀다                ┌ 몹시   ┌ 슬픈

jouer 놀다

— Je ne peux pas jouer avec toi. Je ne suis pas apprivoisé.
                                  ┌ 길들여진

— Que signifie « apprivoiser » ? demande le petit prince.
      ┌ 길들이다

apprivoiser 길들이다

— Ça signifie « créer des liens... »
      ┌ 만들어내다 ┌ 관계

créer 만들어내다

— Créer des liens ?

— Bien sûr. Tu n'es qu'un garçon comme les autres pour moi. Et je ne suis

pour toi qu'un renard comme les autres. Mais si tu m'apprivoises, je suis

unique au monde ...

— Ah ! je commence à comprendre. Je crois que ma fleur sur ma planète

m'a apprivoisé... dit le petit prince.

복합과거 ☞ niveau2

# Le Renard

● 명사 ● 동사 ● 형용사 ● 기타

— Si tu m'apprivoises, tes pas me semblent comme une musique. Je ne

┌ 빵
mange pas de pain, mais si tu m'apprivoises, alors j'aime ces champs de

┌ 밀                                            ┌ 색깔        ┌ 머리
blé. Car ces champs de blé sont dorés comme la couleur de tes cheveux,

dit le renard.

Le renard regarde le petit prince : — S'il te plaît ! Apprivoise-moi !

— Je veux bien, mais je n'ai pas beaucoup de temps. J'ai besoin de temps

pour me faire des amis, répond le petit prince.

— Si tu veux un ami, apprivoise-moi... dit le renard.

— Que faut-il faire pour t'apprivoiser ? demande le petit prince.

┌ 인내심있는
— Il faut être très patient, répond le renard.

— D'abord, tu t'assois un peu loin de moi, et tu ne dis rien. Le langage est

┌ 근원       ┌ 오해
source de malentendu. Mais chaque jour, tu t'assois un peu plus près de

moi.

┌ 다음 날
Le lendemain, le petit prince revient.

loin de ~에서 먼

près de ~에서 가까이

## Chapitre 21
# Le Renard

● 명사　● 동사　● 형용사　● 기타

— C'est mieux de revenir à la même heure. Je peux attendre cette heure-

└ 순간

là. Nous devons avoir un moment spécial dans la journée. Par exemple,

└ 하루

tous les jeudis, les chasseurs jouent ensemble dans le village. Le jeudi est

└ 사방에　└ 자유롭게

un jour spécial pour moi ! Je peux aller partout librement.

— Ah, je comprends, dit le petit prince.

Le petit prince apprivoise enfin le renard.

Lorsqu'ils doivent se dire au revoir, le renard se sent triste.

— Apprivoiser, ce n'est pas bon pour toi, dit le petit prince.

└ 다시 보다

— Si, c'est bon pour moi, à cause de la couleur du blé. Va revoir les roses,

Tu comprends que ta rose est unique au monde. Tu reviens me dire adieu,

et je te dis mon secret, dit le renard.

Le petit prince va aux roses.

Par exemple 예를 들어

à cause de ~ 때문에
revoir 다시 보다

dire adieu 작별인사를 하다

# Le Renard

●명사 ●동사 ●형용사 ●기타

Il dit aux roses : — Vous n'êtes pas du tout comme ma rose. Ma rose est

┌ 빈
unique au monde. Vous êtes belles, mais vous êtes vides.

┌ 난처한, 불편한
Les roses sont bien gênées.

┌ 모두
Il continue : — Ma rose est plus importante que vous toutes, parce que je

lui donne de l'eau. Je la mets sous le globe en verre. J'écoute toutes ses

paroles, c'est qu'elle est ma rose.

Il retourne à la rencontre du renard. Le renard lui dit : — Voici mon secret.

à la rencontre du
~를 만나러

L'essentiel est invisible pour les yeux. Le temps est important. Ta rose est

importante pour toi, car tu passes du temps avec elle.

Chapitre 21

# Grammaire

## ◼ 부분관사

|  | 남성 | 여성 |
|---|---|---|
| 단수 | du (de l') | de la (de l') |

○ 셀 수 없는 물질명사나 추상명사 앞에 사용되며 "약간의"의 의미.

- Le petit prince apporte de l'eau fraîche. 어린왕자는 신선한 물을 가져온다. ▸P.31
- Car tu passes du temps avec elle. 왜냐하면 네가 그녀와 시간을 보내기 때문이지. ▸P.74
- Les enfants ont de la chance. 아이들은 운이 좋은거지. ▸P.76

## ◼ bien

○ 부사로서 "아주"의 의미이며 형용사를 수식하고 이 때는 très와 유사한 의미다.

- Tu n'es pas bien puissant. 너는 힘이 아주 세지 않구나. ▸P.63
- Les roses sont bien gênées. 장미꽃들은 몹시 계면쩍어한다. ▸P.74

○ 형용사 bien은 "좋은, 양호한"의 의미

- C'est bien d'avoir un ami. 친구를 갖는 건 좋은 일이지. ▸P.80

## ◼ 접두사 –re

○ 동사 앞에 붙는 접두사 – r(e)는 반복의 의미가 있다.

| (re)venir | (다시)오다 |
|---|---|
| (r)entrer | (다시)들어가다 |
| (re)descendre | (다시)내려가다 |
| (re)voir | (다시)보다 |
| (re)tourner | (다시)돌아오다 |

- Tu reviens me dire adieu. 내게 작별 인사를 하러 다시 오렴. ▸P.75
- Je veux redescendre du mur ! 담벼락에서 다시 내려가고 싶어! ▸P.87
- Je rentre sain et sauf. 나는 무사히 돌아온다. ▸P.92
- Le petit prince retourne à sa planète. 어린왕자는 그의 별로 다시 돌아간다. ▸P.92
- Mes amis sont content de me revoir vivant.
  내 친구들은 살아있는 나를 다시 보게 되어 기뻐한다. ▸P.92

# Chapitre 22
# Les Trains

● 명사　● 동사　● 형용사　● 기타

— Bonjour. Que fais-tu ici ? dit le petit prince.

┌ 선로변경 통제원
— Je fais partir les trains à droite ou à gauche, explique l'aiguilleur.

à droite 오른쪽으로
à gauche 왼쪽으로

Un train avec des hommes passe vite.

— Ils sont bien pressés. Que cherchent-ils ? demande le petit prince.

— Personne ne le sait. Même l'homme de ce train, répond l'aiguilleur.

l'homme de ce train
이 기차의 기관사

┌ 측면, 옆구리
Le deuxième train passe vite de l'autre côté.

de l'autre côté
건너편

— Est-ce qu'ils reviennent déjà ?

┌ 교환
— Non, c'est un échange. On n'est jamais content là où l'on est.

Le troisième train passe vite.

┌ 따라가다
— Est-ce qu'ils suivent le premier ? demande le petit prince.

suivre 따라가다

— Non, ils ne suivent rien. Ils dorment là-dedans, ou bien ils bâillent.

ou bien 또는

Le Petit Prince dit : — Seuls les enfants savent ce qu'ils cherchent.

┌ 행운
— Les enfants, ils ont de la chance, dit l'aiguilleur.

# Grammaire

## ▣ 주격 관계대명사 qui

| 주격 |
| --- |
| qui + 동사 (+ 목적어) |

○ 관계 대명사는 두 개의 문장이 합쳐질 때, 반복되는 명사를 대신한다.

○ qui는 사람이나 사물을 대신하며 선행사가 관계절의 주어 역할을 한다.

○ ce qui(...)는 '~하는 것'으로 해석되고 주어 역할을 한다.

- Si tu aimes une fleur qui est dans une étoile, (⋯)
  (Tu aimes une fleur + Cette fleur est dans une étoile.)
  만약 네가 별에 있는 꽃을 좋아한다면 ▸ P.88

- Le garçon qui a des cheveux blonds 금발머리의 소년

- Ce qui est important, ça ne se voit pas. 중요한 것은 눈에 보이지 않는다. ▸ P.88

## ▣ avoir 관련 표현

avoir faim 배고프다
- J'ai faim.

avoir chaud 덥다
- J'ai chaud.

avoir froid 춥다
- J'ai froid.

avoir soif 목마르다
- J'ai soif.

avoir peur 겁나다
- J'ai peur.

avoir mal 아프다
- J'ai mal au ventre.

# Chapitre 23
# Le Marchand de Médicaments

●명사 ●동사 ●형용사 ●기타

Le petit prince rencontre un marchand. C'est un marchand de

<sub>상인</sub>

médicaments. Ce médicament enlève la soif. On en avale un par semaine

<sub>약</sub>

et on n'éprouve plus le besoin de boire.

— Pourquoi vends-tu ça ? demande le petit prince.

— Parce que ça fait gagner du temps aux gens. On épargne cinquante-

<sub>벌다</sub>　　　　　　　　　　　<sub>절약하다</sub>

trois minutes par semaine.

Le petit prince se dit : « Moi, si j'ai cinquante-trois minutes à dépenser, je

<sub>낭비하다</sub>

vais marcher tout doucement vers une fontaine ...»

<sub>샘</sub>

gagner 벌다
épargner 절약하다

par semaine 주당

dépenser 낭비하다

Chapitre 23

# Grammaire

## ▣ si (2)

○ 미래에 대한 가정을 할 경우

| si + 직설법현재 , 미래/현재 |
| --- |

- Si un enfant vient à vous, regardez-le bien.
  한 아이가 여러분에게 다가온다면, 그를 주의 깊게 살펴보세요. ▸ P.93
- Si vous rencontrez le petit prince, faites-le-moi savoir.
  만약 어린왕자를 만나게 되면, 내게 알려주세요. ▸ P.93

○ 접속사 : 가정의 표현 (만약 ~ 라면) il이 주어인 경우

- S'il veut voir le coucher du soleil(...)
  만약 그가 일몰을 보고 싶다면... ▸ P.25
- S'il vous arrive de passer dans le désert, attendez un peu sous l'étoile !
  여러분이 사막을 여행하게 된다면, 별 아래서 조금 기다려보세요. ▸ P.93

## ▣ 근접미래

○ 근접미래는 가까운 미래에 일어날 일이나 계획 등을 말할 때 사용한다.

○ 형태 : aller + 동사원형

| je vais<br>tu vas<br>il/elle va | nous allons<br>vous allez<br>ils/elles vont | + | 동사원형 |
| --- | --- | --- | --- |

- Je vais marcher tout doucement vers une fontaine.
  나는 샘물로 천천히 걸어갈거야. ▸ P.78
- On va mourir de soif.
  (우리는) 목말라 죽을 것 같아.. ▸ P.80

# Le Désert

● 명사 ● 동사 ● 형용사 ● 기타

Le huitième jour, j'écoute l'histoire du marchand. Je dis au petit prince :

추억, 이야기　고치다

— Ils sont bien jolis, tes souvenirs, mais je ne répare toujours pas l'avion et

réparer 고치다

je n'ai plus d'eau à boire !

— Mon ami le renard..., me dit le petit prince.

Il ne comprend pas le danger de notre situation.

때, 순간　목마름

— Ce n'est pas le moment de parler du renard ! On va mourir de soif....

mourir de~ ~로 죽다

~하는 것이 좋다　비록 ~일지라도

— C'est bien d'avoir un ami, même si l'on va mourir, il me répond.

c'est bien de+inf
~하는 것이 좋다
même si 비록 ~일지라도
avoir soif 목마르다

우물

Et il dit : — J'ai soif aussi. Cherchons un puits...

Alors nous commençons à marcher. Quand la nuit tombe, il est fatigué, il

s'assoit. Après un silence, il dit :

— Les étoiles sont belles à cause d'une fleur que l'on ne voit pas ...

à cause de ~때문에

덧붙이다　감추다

Le petit prince ajoute : — Le désert est beau, c'est qu'il cache un puits

ajouter 덧붙이다
cacher 감추다

quelque part ...

— Oui, il y a de belles choses qu'on ne peut pas voir avec les yeux. Ce que

껍질　보이지않는

je vois là n'est qu'une écorce. Le plus important est invisible ...

# Le Désert

Le petit prince dort maintenant. Je prends le petit prince dans mes bras et

continue à marcher.

┌ 달빛　　　　　┌ 반짝이다　　　　　　　　　　　　　　┌ 부서지기 쉬운
Le clair de lune brille sur son visage. Il est comme un trésor fragile.

┌ 변함없는 사랑, 충성　　　　　　　┌ 감동적인
Sa fidélité pour sa fleur est très émouvante.

┌ 떠오르다, 일어나다
Enfin, le soleil se lève. Nous trouvons un puits.

┌ 웃다　┌ 만지다　┌ 밧줄　　　　┌ 작동하다　　　　┌ 도르래
Il rit, touche la corde et fait fonctionner la poulie.

prendre dans ses bras
~의 품에 안다

briller 반짝이다

se lever 떠오르다, 일어나다

rire 웃다
toucher 만지다
faire + 동사원형 ~하게 하다
fonctionner 작동하다

# Chapitre 24
# Grammaire

## ▣ 소유형용사(2)

• 소유형용사는 소유주의 인칭 및 피소유물의 성과 수에 일치해야한다.

| 피소유물<br>소유주 | 남성단수 | 여성단수 | 복수 |
|---|---|---|---|
| nous | notre | notre | nos |
| vous | votre | votre | vos |
| ils/elles | leur | leur | leurs |

• Il ne comprend pas le danger de notre situation. 그는 우리의 위급한 상황을 모르고 있다. ▸P.80
• Si vous m'ordonnez d'y aller, je peux suivre votre ordre.
  당신이(폐하가) 가라고 하시면, 저는 명령을 따를 수 있습니다. ▸P.39
• Elles pensent être terribles avec leurs épines.
  그녀들(장미는)은 가시가 있어서 두렵지 않다고 생각해. ▸P.27

## ▣ 특수한 1군동사 –cer

| commencer ||
|---|---|
| je commence | nous commençons |
| tu commences | vous commencez |
| il/elle commence | ils/elles commencent |

je commence / nous commençons
ç로 인해 nous 인칭에서도 [s]발음이 유지되지요.

• Nous commençons à marcher. 우리는 걷기 시작한다. ▸P.80
• Les baobabs commencent par êre petits. 바오밥도 처음엔 작아. ▸P.22

## ▣ 목적격 관계대명사 que(qu'), ce que

| 목적격 |
|---|
| que + 주어 + 동사 |

○ que는 사람이나 사물을 대신하며 선행사가 관계절의 목적어 역할을 한다.

○ ce que (...)에서 ce는 선행사로서 "~하는 것"으로 해석되고 관계절의 목적어 역할을 한다.

• La fleur que tu aimes n'est pas en danger. 네가 사랑하는 그 끝은 위험하지 않아. ▸P.28
• Elle répète ce que je dis. 그녀는 내가 하는 말을 반복한다. ▸P.67
• Ce que je vois là n'est qu'une écorce. 내가 지금 보고 있는 건 겉껍질일 뿐이다. ▸P.80
• Ils ne trouvent pas ce qu'ils cherchent. 그들은 자신이 찾고 있는 것을 발견하지 못해. ▸P.83

que + 모음 a. e, I, o, u. y =
그러나 qui는 변함이 없어요!

# Le Puits

●명사 ●동사 ●형용사 ●기타

Le petit prince dit : — Les hommes prennent le train rapide, mais ils ne

savent plus ce qu'ils cherchent. Et il ajoute : — Ce n'est pas la peine ...

Enfin nous trouvons un puits. Celui-là ressemble à un puits dans un

village. C'est comme un rêve.

— C'est étrange, dis-je au petit prince, tout est prêt : la poulie, le seau et

la corde ...

Le petit prince rit, touche la corde. La poulie gémit.

Je dis : — Donne-moi ça. C'est trop lourd pour toi.

Je peux voir la lumière du soleil sur l'eau dans le seau.

— J'ai soif. Donne-moi de l'eau, dit le petit prince. Il boit de l'eau, les yeux

fermés.

— Cette eau est bonne pour le cœur comme un cadeau. Les hommes de

chez toi, dit le prince, ont beaucoup de roses dans un même jardin, mais

ils ne trouvent pas ce qu'ils cherchent. Ils peuvent le trouver dans une

seule rose ou un peu d'eau. Mais les yeux sont aveugles. Il faut chercher

avec le coeur...

prendre (교통수단) 타다

Ce n'est pas la peine
그럴 필요없다

gémir 구슬픈 소리를 내다

un peu de + 명사
약간의

Chapitre 25

# Le Puits

●명사 ●동사 ●형용사 ●기타

ㄱ잡다, 유지하다 ㄱ~곁에
— Tu dois tenir ta promesse, dit le petit prince qui s'assoit auprès de moi.

— Quelle promesse ?

— Tu sais... un masque pour mon mouton...

Je sors mes dessins de ma poche. Le petit prince les regarde.

ㄱ배추
Il dit en riant : — Tes baobabs, ils ressemblent un peu à des choux... Ton

ㄱ귀
renard ... ses oreilles ... elles ressemblent un peu à des cornes. Elles sont

ㄱ긴
trop longues.

— Tu n'es pas gentil, mon petit bonhomme.

— Oh, ça va. Les enfants savent.

Je dessine un masque pour son mouton.

— Tu sais, ça fait un an que j'arrive ici..., dit le petit prince.

ㄱ빨개지다
Il rougit. Je ne sais pas pourquoi, mais je me sens triste.

— Tu veux retourner chez toi ?

avec le coeur
온 마음을 다해

tenir sa promesse
약속을 지키다

mon petit bon homme
나의 꼬마친구

rougir 빨개지다

Chapitre 25

# Le Puits

●명사 ●동사 ●형용사 ●기타

Le petit prince rougit encore. Quand on rougit, ça signifie «oui», n'est-ce

pas ?

— Tu dois maintenant travailler. Tu dois repartir vers ta machine. Je
〔기계

t'attends ici. Reviens demain soir... , dit le petit prince.
〔기억나다                       〔위험하다
— Je me souviens du renard. On risque de pleurer un peu si l'on est

apprivoisé.

se souvenir de 기억나다
risquer 위험하다

# Grammaire

## ◼ 2군 동사 (2)

○ 어미가 -ir로 끝나는 동사로 인칭에 따라 어미가 규칙적으로 변한다.

|  | 인칭 | 어미 | choisir / rougir |
|---|---|---|---|
| 단수 | je | -is | je choisis / rougis |
| | tu | -is | tu choisis / rougis |
| | il / elle | -it | il/elle choisit / rougit |
| 복수 | nous | -issons | nous choisissons / rougissons |
| | vous | -issez | vous choisissez / rougissez |
| | ils / elles | -issent | ils/elle choisissent / rougissent |

• Le petit prince rougit encore. 어린왕자는 다시 얼굴이 붉어진다. ▸ P.85

## ◼ devoir

| devoir | |
|---|---|
| je dois | nous devons |
| tu dois | vous devez |
| il/elle doit | ils/elles doivent |

○ devoir + 동사원형 : ~해야 한다 (의무) / ~일 것이다 (추측)

• Tu dois tenir ta promesse. 넌 약속을 지켜야 해. ▸ P.84
• Je dois réfléchir pour trouver une réponse par moi-même.
  나는 스스로 답을 찾기 위해 생각해야 한다. ▸ P.22
• Il est absent. Il doit être malade. 그는 결석이다. 아픈 것 같다.

## ◼ C'est l'heure de + 명사 / 동사

○ Il est l'heure de = C'est l'heure de (친근한 표현) ~할 시간이다.

• C'est l'heure du petit déjeuner. 아침식사 시간이다. ▸ P.30
• C'est l'heure de partir. (= Il est l'heure de partir.) 떠날 시간이다.

○ heure와 temps 둘다 우리 말로 '시간'을 의미하지만 heure 는 '시각', temps은 '때, 시기'의 의미다.
• Il est temps de passer à un autre sujet.
  다른 주제로 넘어갈 때다.

# Chapitre 26
# Les Étoiles

●명사 ●동사 ●형용사 ●기타

┌ 벽
À côté du puits, il y a un vieux mur de pierre. Le petit prince est assis au

┌ 꼭대기
sommet du mur.

J'entends sa voix. — Oui, oui ! C'est bien le jour, mais ce n'est pas le bon

┌ 장소
endroit.

J'entends de nouveau sa voix.

┌ 독
— Tu as du bon venin ? Maintenant, va-t'en. Je veux redescendre, dit le

petit prince.

┌ 발, 아래                                ┌ 노란색의      ┌ 종류
Quand je regarde le pied du mur, il y a un serpent jaune. Ce genre de

┌ 죽이다              ┌ 초        ┌ 뛰다
serpent peut vous tuer en seulement trente secondes. Je cours et je

┌ 무기
cherche mon arme, mais le serpent s'en va.

— Tu parles maintenant avec les serpents !

┌ 고쳐진
— Je suis content parce que ton avion est réparé. Maintenant. tu peux

┌ 돌아가다
rentrer chez toi ...

— Comment tu sais !

Il ne répond pas mais il ajoute :

A côté du  ~옆에

de nouveau  다시

tuer  죽이다
seulement  단지
courir  뛰다

rentrer  돌아가다

# Chapitre 26
# Les Étoiles

●명사 ●동사 ●형용사 ●기타

— Moi aussi, aujourd'hui, je rentre chez moi. C'est bien plus loin… c'est

bien plus difficile… J'ai ton mouton. Et j'ai la caisse pour le mouton. Et j'ai

le masque, me dit-il.

┌ 공포
— Petit bonhomme, Tu as peur…

Il rit doucement et me dit :

— Cette nuit, ça fait un an. Je peux trouver mon étoile.

┌ 보이다
Ce qui est important, ça ne se voit pas.

— Bien sûr …

┌ 달콤한
— Si tu aimes une fleur qui est dans une étoile, c'est doux, la nuit, de

┌ 꽃이 핀
regarder le ciel.  Toutes les étoiles sont fleuries.

— Bien sûr…

— L'eau, que tu me donnes à boire est comme de la musique, à cause de

la poulie et la corde … tu te rappelles …elle est bonne.

— Bien sûr…

avoir peur 두렵다

doucement 부드럽게

ça fait ~(기간)이 되다

se voir 보이다

# Chapitre 26
# Les Étoiles

●명사 ●동사 ●형용사 ●기타

— Et la nuit, quand tu regardes les étoiles, tu ne peux pas trouver mon

étoile, parce qu'elle est si petite. Alors tu penses que chaque étoile est

mon étoile. Comme ça, toutes les étoiles sont tes amies.

Il rit encore.

꼬마 친구                                                       웃음
— Ah ! petit bonhomme, petit bonhomme, j'aime entendre ce rire !

선물
— Justement c'est mon cadeau … C'est comme de l'eau …

— Que veux-tu dire ?

— Chacun a ses étoiles. Pour les voyageurs, les étoiles sont des guides.

학자
Pour les savants, les étoiles sont des problèmes. Mais pour toi, les étoiles

rient. Tu peux rire avec moi à tout moment, mais si tes amis te voient rire           à tout moment  항상

미친
au ciel, ils pensent que tu es fou.

Soudain, il devient sérieux. — Cette nuit... tu sais... ne viens pas.

— Je ne te quitte pas, dis-je.

걱정하는                                                          물다
Mais il est soucieux. — C'est aussi à cause du serpent. Il peut te mordre           mordre  물다

juste pour le plaisir...                                                             pour le plaisir  재미로

실수
— Je ne te quitte pas, il me prend par la main. — Tu as tort de venir.              me prend par la main
                                                                                    나의 손을 잡다

# Chapitre 26
# Les Étoiles

●명사　●동사　●형용사　●기타

┌ 조용히 하다
Je me tais.

— Tu sais, c'est trop loin. Je ne peux pas emporter ce corps avec moi.

Moi, je me tais.

┌ 낙담하다
Il se décourage mais il fait un effort.

┌ 재미난
— C'est tellement amusant ! Toi tu as beaucoup de petits grelots et moi,

j'ai beaucoup de puits.

Et il s'assoit parce qu'il a peur.

— Tu sais ... ma fleur... j'en suis responsable. Et elle est si faible. Elle a

besoin de moi.

Je m'assois aussi.

— Voilà... c'est tout..., il dit.

Et il fait un pas.

Il y a une lumière jaune près de ses pieds. Il tombe aussi doucement

qu'un arbre tombe.

se taire 조용히 하다

se décourager 낙담하다
faire un effort
애쓰다, 노력하다

faire un pas
한 발자욱을 내딛다

# Grammaire

## ◼ écouter / entendre

○ écouter는 "귀 기울여 열심히 듣다". entendre는 "들리다"의 의미다.

• Un géographe écoute le récit d'un explorateur.
  지리학자는 탐험가의 이야기를 듣지. ▸ P.57
• J'écoute toutes ses paroles, parce qu'elle est ma rose.
  나는 그녀의 모든 말을 듣는다. 왜냐하면 그녀는 나의 장미이기 때문이다. ▸ P.74
• J'entends une petite voix étrange.
  야릇하고 작은 목소리가 들린다. ▸ P.13
• Quand je regarde les étoiles, j'entends le bruit du puits.
  별을 바라볼 때 나는 우물 소리가 들린다. ▸ P.90

> • regarder / voir
> 집중해서 보는 경우는 regarder
> 딱히 볼 생각이 없어도 보이는 경우는 voir 랍니다.

## ◼ 시간의 전치사

○ en + 시간 : ~만에 (짧은 기간을 의미)

• en trente secondes 30초 만에 ▸ P.87

○ dans + 시간 : ~ 후에

• dans six ans 6년 후에

## ◼ 의문대명사 quoi

○ 의문대명사 quoi는 que의 강세형으로 '무엇'의 의미다.

(1) 전치사를 동반하는 경우
• Sur quoi régnez-vous ? 당신은(폐하는) 무엇을 지배하시나요? ▸ P.37
• À quoi ça sert ? 그게 무슨 소용이 있나요? ▸ P.42
• Tu as honte de quoi ? 뭐가 창피하죠? ▸ P.44

(2) 직접목적보어
• Attendre quoi ? 뭘 기다리죠? ▸ P.25
• Je ne sais pas quoi lui dire. 나는 그에게 무슨 말을 해야할 지 모르겠다. ▸ P.28

> quoi는 놀람을 나타내는 감탄사로도 사용됨
> • quoi? Une minute est un jour!
> 뭐라구요? 1분이 하루라니!

# Chapitre 27
# Le Petit Prince

● 명사　● 동사　● 형용사　● 기타

Et maintenant ça fait six ans déjà ... Je rentre sain et sauf.
┌ 벌써

sain et sauf 무사히

Mes amis sont contents de me revoir vivant.
┌ 다시 보다　┌ 살아있는

revoir 다시 보다

Je sais que le petit prince retourne à sa planète. La nuit, j'aime écouter les
┌ 다시 돌아가다

étoiles.

retourner 다시 돌아가다

Et alors, j'oublie de dessiner une corde reliant le masque. Il ne peut pas
┌ 그런데　　　　　　　　　　　┌ 연결하는

mettre le masque sur le mouton sans corde.
┌ 입히다, 씌우다

mettre 입히다, 씌우다

Le mouton mange-t-il la fleur ?

Non, le petit prince met le globe de verre sur la fleur tous les soirs.

Mais s'il oublie de le faire ? Et si le mouton sort la nuit et mange la fleur

sans bruit ?

풍경

Ça, c'est, pour moi, le plus beau et le plus triste paysage du monde.

S'il vous arrive de passer dans le désert, attendez un peu sous l'étoile !

Si un enfant vient à vous, regardez-le bien. S'il a des cheveux d'or et il rit,

아마도

s'il ne répond pas quand on pose des questions, peut-être c'est le petit

prince.

Si vous rencontrez le petit prince, faites-le-moi savoir.

# Grammaire

## ◼ 3군동사

○ 3군동사 : 1, 2군 동사를 제외한 불규칙 동사

| voir 보다 | dormir 자다 | entendre 들리다 |
|---|---|---|
| je vois | je dors | j'entends |
| tu vois | tu dors | tu entends |
| il/elle voit | il/elle dort | il/elle entend |
| nous voyons | nous dormons | nous entendons |
| vous voyez | vous dormez | vous entendez |
| ils/elles voient | ils/elles dorment | ils/elles entendent |
| **dire 말하다** | **venir 오다** | **mettre 두다, 입다** |
| je dis | je viens | je mets |
| tu dis | tu viens | tu mets |
| il/elle dit | il/elle vient | il/elle met |
| nous disons | nous venons | nous mettons |
| vous dites | vous venez | vous mettez |
| ils/elle disent | ils/elle viennent | ils/elle mettent |

- voir 유형 : revoir(다시 보다), croire(믿다)
- dormir 유형 : partir(떠나다), sortir(나가다/꺼내다), sentir(느끼다)
- entendre 유형 : attendre(기다리다), vendre(팔다), répondre(대답하다)
- venir 유형 : revenir(다시 오다), tenir(유지하다)
- mettre유형 : permettre(허락하다), promettre(약속하다)

같은 유형의 어미를 가진 동사들은 변화가
비슷하게 이루어지나 예외도 많아요.
새로운 동사는 그때 그때 동사변화를 잘 기억해 두세요!

# Chapitre1

À l'âge de six ans, je vois un serpent boa dans un livre. sur la forêt vierge.

Dans ce livre, les serpents boa avalent un animal.

Ensuite ils dorment pendant six mois sans bouger.

Je dessine ce gros serpent. C'est mon dessin numéro 1.

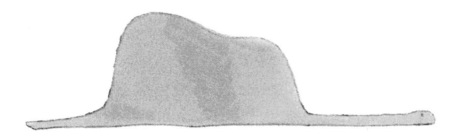

Mais les grandes personnes disent : «C'est le dessin d'un chapeau.»

Mon dessin ne représente pas un chapeau.

Alors, je dessine un éléphant dans le serpent. C'est mon dessin numéro 2.

Les grandes personnes ne comprennent pas.

Elles me disent : « Arrête de peindre. Fais autre chose.»

Maintenant, je suis pilote. Je vole un peu partout dans le monde.

Je rencontre beaucoup de gens sérieux. Mais mon avis ne change pas.

Quand je rencontre une personne lucide, je lui montre mon dessin numéro 1.

Et la personne dit. «C'est un chapeau.»

Donc, je ne parle jamais à cette personne de serpent boa ou de jungle.
Je parle de jeux de cartes et de golf pour lui faire plaisir.


# Chapitre2

Un jour, je pilote mon avion et j'ai une panne dans le désert.
Et je suis seul. De plus, j'ai de l'eau seulement pour une semaine.

Le premier soir, je m'endors sur le sable. Le matin j'entends une petite voix étrange.
— S'il vous plaît. Dessine-moi un mouton.
— Hein?

Devant moi, il y a un petit garçon. Il me regarde gravement. Je regarde cet enfant
avec surprise. N'oubliez pas que c'est le désert !

L'enfant ne semble pas perdu dans le désert. Je dis :
— Qu'est-ce que tu fais là ?
Et il répète : — S'il vous plaît ... dessine-moi un mouton...

Alors je sors une feuille de papier et un stylo.
Au lieu de dessiner un mouton, je dessine le serpent boa fermé.
Mais il dit : — Non, non ! Je ne veux pas d'un éléphant dans un boa.
J'ai besoin d'un mouton. Dessine-moi un mouton.

Alors, je dessine un mouton.
Mais il me dit : — Non, ce mouton est déjà très malade.
Je dessine donc un autre mouton.
— Il est trop vieux.

Donc je fais un autre dessin.
— C'est la caisse. Le mouton est dedans.

Le visage brillant, il me dit :
— C'est tout à fait comme ça que je veux. Ce mouton mange beaucoup ?
— Pourquoi ?
— Chez moi, c'est tout petit....
— Il y a assez d'herbe pour lui. C'est un tout petit mouton.
— Pas si petit que ça. Tiens ! Il dort.

# Chapitre3

Je découvre petit à petit le petit prince.

Quand il voit mon avion, il me demande :
— Qu'est-ce que c'est ?
— C'est un avion. C'est mon avion. Il peut voler.

Il crie : — Comment ! Tu tombes du ciel ?
— Oui.
— Ah! Ça c'est drôle... alors, toi aussi tu viens du ciel! Tu es de quelle planète ?
Moi, je lui demande rapidement avec surprise.
— Tu viens d'une autre planète ?
Mais il ne répond pas.

Il regarde l'avion et dit : — Avec ça, tu ne peux pas venir de très loin.

Au bout d'un moment, il sort soigneusement de sa poche le dessin du mouton.

Je pose beaucoup de questions : — Tu viens d'où ? Chez toi c'est où ?
Tu veux emporter mon mouton où?
Il répond après un silence méditatif: — Il est bien avec cette caisse.

— Si tu es gentil, je peux te donner une corde pour attacher le mouton.
— Attacher le mouton ? Quelle drôle d'idée!
— Mais si tu n'attaches pas le mouton, il va n'importe où.
— Ça ne fait rien. Mon étoile est tellement petite.

# Chapitre4

J'ai une information très importante sur le petit prince. Sa planète, B612 est un peu plus grande qu'une maison!

Un jour, en 1909, un scientifique turc découvre cette planète. Mais personne ne croit ses paroles car il porte des vêtements turcs.

Plus tard, un roi turc force son peuple à s'habiller comme les Européens. En 1920, le même scientifique turc reparle du B612. Il porte des vêtements européens et tout le monde croit ses paroles.

Je parle beaucoup de chiffres parce que les grandes personnes aiment les chiffres.

Lorsque vous leur parlez d'un nouvel ami, ils vous posent ces questions :

— Il a quel âge ? Son père gagne combien ?

Ils veulent toujours connaître les chiffres.

Si vous parlez aux grandes personnes, vous devez leur dire :

— Je vois une maison de cent mille francs.

Alors ils disent : — Comme c'est joli !

Si vous leur dites : — Voilà le petit prince. Il est adorable et il veut un mouton.

Ils vous considèrent comme un enfant.

Mais si vous leur dites : — La planète d'où il vient est B612,

ils peuvent comprendre ce que vous dites.

Mon ami n'est plus avec moi.

Je ne veux pas oublier le petit prince, alors je le décris ici.

# Chapitre5

Le troisième jour, j'entends une histoire sur le problème des baobabs.

Le petit prince me demande brusquement :

— C'est vrai que les moutons mangent les petits arbres ?

— Oui c'est vrai.

— Ah ! Je suis content ! Alors, les moutons, ils mangent aussi les baobabs ?

— Non, les baobabs ne sont pas de petits arbres. Ils sont grands comme des églises.

Mais il dit sagement : — Avant d'être si grands, les baobabs

commencent

par être petits.

— Oui c'est vrai. Mais pourquoi veux-tu que les moutons mangent les
petits baobabs ?

Il ne répond pas, je dois donc réfléchir pour trouver une réponse par moi-
même.

Il y a de très mauvaises graines sur sa planète. Ce sont des graines de baobab.

Si vous attendez pour arracher les baobabs, ils brisent la petite planète du
petit prince en morceaux.

Le petit prince me dit plus tard : — Il faut arracher les baobabs comme on se
lave le visage tous les jours. C'est ennuyeux, mais c'est facile.

Un jour, il me conseille de faire un dessin et de le montrer aux enfants sur
cette Terre. Il m'explique : — Avec les baobabs, si tu ne fais pas ton travail
tous les jours,

tu vas avoir des problèmes. Je connais un enfant paresseux sur une planète,
il ne s'occupe pas bien de ses trois arbres ...

Je dessine cette planète couverte de trois grands baobabs pour dire «Enfants !
Attention aux baobabs !»

# Chapitre6

Ah ! petit prince, je comprends peu à peu ta petite vie mélancolique.

Depuis longtemps pour la disctraction tu n'as que la douceur des couchers de soleil.

Le quatrième jour, j'apprends ce détail quand tu me dit :
— J'aime bien les couchers de soleil. Allons voir un coucher du soleil...
— Mais il faut attendre ...
— Attendre quoi ?
— Le soleil doit se coucher ...

La planète du Petit Prince est si petite qu'il peut voir le coucher du soleil à tout moment. S'il veut voir le coucher du soleil, il lui suffit d'avancer sa chaise de quelques pas.

Le petit prince me dit : — Moi, je peux voir le coucher du soleil quarante-quatre fois par jour. Tu sais... quand on est triste on aime les couchers de soleil...

# Chapitre7

Le cinquième jour, il me demande soudain :— Un mouton mange aussi les fleurs ?
Je lui réponds : — Un mouton mange n'importe quoi.
— Un mouton mange des roses ?
— Oui, bien sûr.
— Mais les roses ont des épines pour se protéger. À quoi servent les épines ?
Je suis occupé à réparer mon avion alors je réponds n'importe quoi :
— Les épines, ça ne sert à rien.

— Je ne te crois pas ! Les roses sont faibles, donc elles ont des épines. Elles pensent être terribles avec leurs épines. Tu crois vraiment que les fleurs...
Je m'écrie : — Mais non ! Mais non ! Je ne crois rien. Tu ne vois pas ? Je suis très occupé. Je répare l'avion. C'est un travail très sérieux !

Il me regarde. — Un travail sérieux ? Tu parles comme les grandes personnes ! Tu mélanges tout...
Il est très en colère.
— Je connais un homme. Il n'aime personne. Il n'aime que les chiffres. Il ne respire jamais une fleur, il ne regarde jamais une étoile. Toute la journée, il répète sans cesse, comme toi : «Je suis un homme sérieux !» Il est difficile pour les fleurs de produire des épines. Mais tu penses que ce n'est pas important ?

Il n'y a qu'une seule fleur au monde, mais un petit mouton peut la détruire d'un seul coup ! Mais tu penses que ce n'est pas important !

Il pleure sans aucun son. Je laisse tomber mes outils.
Je le prends dans mes bras.
Je lui dis : — La fleur que tu aimes n'est pas en danger. Je peux dessiner un masque pour ton mouton. Je peux... Je ne sais pas quoi lui dire.

# Chapitre8

Sur la planète du petit prince, il y a des fleurs très simples. Un jour, quelque chose sort de terre. C'est une plante avec de petites feuilles. Le petit prince surveille de très près ces petites feuilles.

La plante commence à préparer une fleur. Dans sa petite chambre verte, la fleur se prépare à montrer sa beauté. Elle choisit soigneusement les couleurs de ses pétales. Eh oui, elle est très coquette! La fleur se prépare longtemps. Finalement, elle se montre à l'heure du lever de soleil.

Mais la fleur dit : — Ah ! je me réveille à peine.., mais pardon... Je suis décoiffée...
Le petit prince lui dit : — Que vous êtes belle !
— C'est l'heure, je crois, du petit déjeuner. Réfléchissez à mes besoins, dit la fleur.
Le petit prince apporte de l'eau fraîche.

La fleur dit : — Je n'ai pas peur des tigres. J'ai quatre épines.
— Les tigres ne mangent pas d'herbes, explique le petit prince.

— Je ne suis pas une herbe. Eh bien... Moi, Je n'aime pas le vent. Tu me mets sous un globe en verre. Il fait très froid ici.
Elle tousse deux fois.
— le globe en verre?

Le petit prince aime la fleur de tout son coeur. Alors, il prend ses paroles au sérieux.

Mais un jour, le petit prince me dit : — Il ne faut jamais écouter ce qu'elle dit. Il faut regarder et respirer les fleurs.
Au lieu de prendre au sérieux des mots sans importance, il faut juger sur les actes.

# Chapitre9

Le petit prince décide de partir. Avant de partir, il nettoie les trois volcans sur sa planète. Les petits olcans, si on les nettoie bien, ça chauffe comme un feu de cheminée.

Le petit prince enlève les petites feuilles des baobabs. Il croit ne jamais devoir revenir. Il arrose la fleur. Il se sent l'envie de pleurer.

— Adieu, dit-il à la fleur.
Elle ne répond pas.
— Adieu, répéte le petit prince.

Enfin, elle lui dit : — Je te demande pardon. Tu ne sais pas que je t'aime,
C'est ma faute. Je suis sotte. Mais tu es aussi sot que moi. Sois heureux...
Je n'ai plus besoin de ce globe.

— Mais le vent...
— L'air frais de la nuit me fait du bien. Je suis une fleur.
— Mais les bêtes...
— Ne traîne pas comme ça. C'est agaçant. Va-t'en.

# Chapitre10

Le petit prince visite les étoiles de 325 juqu'à 330.

Sur la première étoile, il y a un roi. Quand le roi voit le petit prince, il dit :
— Ah ! voilà un sujet.
Pour les rois, tous les hommes sont des sujets.
— Approche-toi.

Le petit prince veut s'asseoir, mais il reste debout car il n'y a pas de place pour s'asseoir.

Comme il est fatigué, le petit prince bâille, mais le roi lui interdit de bâiller.
— J'ai sommeil, donc je ne peux pas m'en empêcher.
— Ah ! Alors je t'ordonne de bâiller. C'est un ordre, dit le roi.
— Vous me faites peur... je ne peux plus.

Le roi est un peu en colère car il a un grand pouvoir. Mais c'est aussi un bon roi car il donne des ordres raisonnables.
— Est-ce que je peux m'asseoir? demande le petit prince.
— Je t'ordonne de t'asseoir, répond le roi.

— Seigneur, dit-il au roi. Sur quoi reignez-vous ?
— Sur tout, dit le roi.
— Sur tout ? demande le petit prince.
— Les étoiles vous obéissent ?
— Bien sûr que oui, dit le roi.

Le petit prince pense : 'Quelle grande puissance ! S'il possède ce pouvoir, il n'a pas besoin de déplacer sa chaise pour admirer le coucher du soleil.'
— Je voudrais voir le coucher du soleil... Ordonnez au soleil de se coucher ... dit le petit prince.
— Si j'ordonne à un général d'exécuter un ordre impossible, qui a tort ? Moi ou le général ?
— Vous, dit le petit prince.
— C'est vrai, dit le roi.

— Les ordres doivent être raisonnables.
— Et mon coucher de soleil ? demande le petit prince.
— Tu peux avoir ton coucher de soleil, mais tu dois attendre, le roi répond.
— Jusqu'à quand?
— Hum ! Hum ! Ce soir, vers huit heures moins vingt.
— Je n'ai plus rien à faire ici. Je vais repartir, dit-il au roi.

— Ne pars pas, dit le roi.
— Je te fais ministre de la Justice ! dit le roi au petit prince.
— Mais il n'y a personne ici à juger ! dit le petit prince.
— Alors tu te jugeras toi-même.
— Mais je peux me juger n'importe où.

— Eh bien, alors tu peux juger la vieille souris sur notre étoile. C'est bien de lui donner la peine de mort.

— Je ne veux mettre personne à mort. Je dois continuer mon chemin.

— Non, dit le roi.

— Si vous m'ordonnez d'y aller, je peux suivre votre ordre, dit le petit prince. Mais le roi n'a pas de réponse. Alors le petit prince continue son chemin.

# Chapitre11

Un vaniteux habite sur la deuxième étoile,
Lorsqu'il voit le petit prince, il dit : — Ah ! Ah ! Tu viens m'admirer.

— Vous avez un drôle de chapeau, dit le petit prince.

— Ce chapeau est pour saluer quand on m'acclame. Malheureusement il ne passe jamais personne par ici. Frappe tes mains, dit-il au petit prince. Le petit prince frappe ses mains. Puis le vaniteux enlève son chapeau. Le petit prince et lui répètent ces actions pendant cinq minutes.

— Que faut-il faire pour que le chapeau tombe par terre ? demande le petit prince. Le vaniteux ne peut entendre que les louanges.

— Est-ce que tu m'admires vraiment? dit-il.

— Qu'est-ce que signifie «admirer» ? demande le petit prince.
— Admirer signifie que je suis le meilleur en tout de la planète.

— Mais tu es le seul homme sur ton étoile ! Même si je t'admire, à quoi ça sert ?

# Chapitre12

Il y a un buveur sur la troisième étoile.

— Que fais-tu là? demande le petit prince.
— Je bois, répond le buveur.
— Pourquoi bois-tu?
— Je veux oublier.
— Pour oublier quoi ? demande le petit prince.
— Pour oublier que j'ai honte, répond le buveur.
— Honte de quoi ?
— Honte de boire !
Les grandes personnes sont très, très étranges, se dit-il en lui-même. Le petit prince s'en va.

# Chapitre13

Sur la quatrième étoile, il y a un businessman.
— Bonjour, lui dit le petit prince.

— Trois et deux font cinq. Cinq et sept douze. Douze et ... Bonjour. Quinze et sept font vingt-deux. Ouf ! Ça fait cinq cent un millions.
— Cinq cents millions de quoi ? demande le petit prince.

— Hein ? Tu es toujours là ? Je fais un travail très sérieux, moi.
— Cinq cents millions de quoi ?, demande encore le petit prince.

Le businessman. lève la tête :

— Depuis quarante-trois ans, on me dérange seulement trois fois. La première fois à cause du bruit d'un animal. La deuxième fois, à cause d'un mal de dos. La troisième fois, c'est maintenant ! Cinq cent un million …

— Millions de quoi ? demande encore le petit prince.

— Des millions de ces petites choses brillantes, répond le businessman.

— Ah ! Tu veux dire les étoiles ? demande le petit prince.

— C'est bien ça. Des étoiles.

— Et que fais-tu de cinq cents millions d'étoiles ?

— Rien. Je les possède.

— A quoi ça te sert de posséder les étoiles ?

— Ça me sert à être riche.

— A quoi ça te sert d'être riche ?

— Je peux acheter plus d'étoiles.

Le petit prince pose encore des questions :

— Comment peut-on posséder les étoiles ?

— Quand tu trouves un diamant, s'il n'appartient à personne, alors il est à toi. Les étoiles m'appartiennent parce qu'elles n'ont pas de propriétaire.

— Oui, c'est vrai, mais qu'est-ce que tu en fais ? dit le petit prince.

— Je les compte et je les recompte, dit le businessman.

— Moi, si je possède une fleur, je peux cueillir ma fleur. Mais tu ne peux pas cueillir les étoiles ?

— Non, mais j'écris le nombre d'étoiles sur un papier et je peux mettre le papier à la banque, répond le businessman.

'C'est assez poétique', pense le petit prince.

— Moi, j'ai une fleur et trois volcans. J'en prends soin, et c'est ce que signifie posséder. Mais on ne peut pas s'occuper des étoiles. Les grandes personnes sont extraordinaires, se dit le petit prince.

# Chapitre14

La cinquième étoile est la plus petite. Il y a sur cette étoile un réverbère et un allumeur de réverbère.

— Je trouve que cet homme est moins étrange que les autres, se dit le petit prince.
— C'est beau d'allumer et d'éteindre le réverbère . La beauté est vraiment utile.
— Bonjour. Pourquoi viens-tu d'éteindre ton réverbère ? dit le petit prince.
— C'est la consigne. Bonjour, répond l'allumeur.

— Quel est la consigne ?
— C'est d'éteindre mon réverbère. Bonsoir, il le rallume.
— Je ne comprends pas, dit le petit prince.
— Il n'y a rien à comprendre. La consigne c'est la consigne. Bonjour.
Et il éteint son réverbère.

— Je fais un métier difficile. J'ai très sommeil. Je n'ai pas de temps pour dormir. Parce que la planète tourne de plus en plus vite. Maintenant, elle fait un tour par minute. Je n'ai plus une seconde de repos.

— Ça , c'est drôle ! Une minute est un jour chez toi ? dit le petit prince avec surprise.
— Oui, en ce moment, nous parlons depuis déjà un mois.
— Un mois?
— Oui, Trente minutes, c'est trente jours ! Bonsoir.
Et il rallume son réverbère.

Le petit prince veut l'aider. Il aime bien cette personne.
— Je peux te dire comment tu peux te reposer quand tu veux...
Tu peux faire le tour de cette étoile en trois
pas. Il suffit de marcher lentement pour rester au soleil.
Quand tu veux te reposer, tu marches un peu.
— Ça n'aide pas. Moi, j'aime dormir. Bonjour! dit l'allumeur.
 Et il éteint son réverbère.

Le petit prince se dit :
«C'est une personne merveilleuse. Il travaille pour les autres. Je veux être son ami, mais sa planète est trop petite. Il n'y a pas de place pour deux...»

# Chapitre15

La sixième étoile est très grande. Et un vieux monsieur est en train d'écrire un gros livre.

— Quel est ce gros livre ? Que faites-vous ici ? demande le petit prince.
— Je suis un géographe.
— Qu'est-ce qu'un géographe ?
— Un géographe connaît l'emplacement des mers, des rivières et des montagnes, répond le vieux monsieur.

— Ça, c'est bien intéressant. Est-ce qu'il y a des mers sur votre planète ?
— Je ne sais pas, dit le géographe.
— Ah ! Et des montagnes ?
— Je ne sais pas.
— Et des villes et des fleuves et des déserts ?
- Je ne sais pas non plus, dit le géographe.
— Mais vous êtes géographe !
— Oui, mais je ne suis pas voyageur. Un géographe ne peut pas quitter son bureau.

Le géographe continue. : — Un géographe écoute le récit d'un explorateur et l'écrit dans un livre. La moralité de l'explorateur est très importante.
— Pourquoi ça ? demande le petit prince.
— Si un explorateur ment, ce livre devient faux. Et c'est très grave.
Mais toi... tu viens de loin ! Tu es un voyageur ! Parle-moi de ta planète !
Et le géographe ouvre son cahier et il tient un crayon.

— Ma planète est tout petite, dit le petit prince. J'ai trois volcans et une fleur aussi.
— Je n'écris pas sur les fleurs, dit le géographe.
— Pourquoi ça ? C'est le plus joli !

— Les géographies sont les livres très importants. Nous écrivons des choses éternelles. Une montagne ne change pas et une mer ne part pas. Mais Les fleurs

sont éphémères, dit le géographe.

— Mais qu'est-ce que signifie «éphémères»? demande le petit prince.

— Ça signifie «qu'elles ne restent pas longtemps», répond le géographe.

— Ma fleur est éphémère, se dit le petit prince. Je la laisse seule chez moi !

Il se sent désolé.

— Allez sur Terre. Elle a une bonne réputation, dit le géographe.

Alors le petit prince continue son chemin en pensant à sa fleur.

# Chapitre16

La septième planète est la Terre. Beaucoup de gens vivent ici.

Il y a environ deux milliards de grandes personnes.

Imaginez ! Avant l'invention de l'électricité, il faut quatre cent soixante deux mille cinq cent onze allumeurs de lampadaires pour éclairer les rues.

Si vous regardez de loin les allumeurs, cela ressemble à un spectacle de ballet.

D'abord des allumeurs de Nouvelle-Zélande et d'Australie viennent. Ensuite ceux de Chine et de Sibérie. Et cela continue jusqu'à l'Amérique du Sud et l'Amérique du Nord. Ils ne se trompent pas dans leur ordre d'entrée en scène. C'est grandiose !

# Chapitre 17

Lorsque le petit prince arrive sur Terre, il est très surpris de ne voir personne.

Il voit quelque chose bouger dans le sable. C'est une couleur dorée.
— Bonne nuit, dit le petit prince.
— Bonne nuit, dit le serpent.
— Nous sommes sur quelle planète ? demande le petit prince.
— Sur la Terre, en Afrique. C'est le désert. Il n'y a personne dans le désert, répond le serpent.

Le petit prince s'assoit sur une pierre et lève les yeux vers le ciel.
— Regarde ma planète. Elle est juste au-dessus de nous.
— Elle est belle, dit le serpent. Que viens-tu faire ici ?
— J'ai des difficultés avec une fleur, dit le petit prince.

— Où sont les hommes ? On est un peu seul dans le désert..., dit le petit prince.
— On est seul aussi chez les hommes, dit le serpent.

Le petit prince regarde longuement le serpent.

— Tu es une drôle de bête, mince comme un doigt ... Je pense que tu n'es pas bien puissant.

— Je suis très puissant. Je peux renvoyer n'importe qui chez lui quand je le touche. Toi, si faible sur cette Terre, je peux t'aider. Un jour si tu regrettes trop ta planète, je peux... dit le serpent.

— Je comprends, dit le petit prince.

# Chapitre18

Le petit prince rencontre une fleur dans le désert.

— Bonjour, dit le petit prince.

— Bonjour, dit la fleur.

— Où sont les hommes ? demande le petit prince.

— Les hommes ? Il en existe, je crois, six ou sept. mais on ne sait jamais où les trouver. Le vent les promène. Les hommes n'ont pas de racines.

— Adieu, dit le petit prince.

— Adieu, dit la fleur.

# Chapitre19

Le petit prince gravit une haute montagne.
Il pense : 'Si je monte en haut, je peux voir toute la planète et tous les hommes...' Mais il ne voit que des pics rocheux.

— Bonjour, dit-il à tout hasard.
— Bonjour... Bonjour... Bonjour..., répond l'écho.
— Qui êtes-vous ? dit le petit prince.
— Qui êtes-vous ... qui êtes-vous ... qui êtes-vous ..., répond l'écho.

« Quelle drôle de planète ! Elle est toute sèche, pointue et salée.
Elle répète ce que je dis. Ma fleur me parle toujours la première...»

# Chapitre20

Après une longue marche, le petit prince découvre un jardin avec des roses.
Elles ressemblent toutes à
sa fleur.


— Bonjour, dit-il aux roses.
— Bonjour, disent les roses.
— Qui êtes-vous ? demande le petit prince, stupéfait.
— Nous sommes des roses.
— Ah !


Sa fleur lui dit qu'elle est la seule au monde. Il se sent malheureux.
Si a fleur sait cela, elle peut être très vexée. Peut-être qu'elle fait
semblant de mourir  par peur du ridicule.

— Je pense être riche d'une fleur unique, mais je ne le suis pas. J'ai une
rose commune et trois volcans. Ça ne fait pas de moi un grand prince...
Et couché dans l'herbe, il pleure.

# Chapitre21

Puis un renard vient vers lui : — Bonjour ! Mais le petit prince ne voit rien.
— Je suis là, sous le pommier.., dit la voix.
— Qui es-tu? dit le petit prince.
— Je suis un renard, dit le renard.

— Viens jouer avec moi. Je suis tellement triste.
— Je ne peux pas jouer avec toi. Je ne suis pas apprivoisé.
— Que signifie « apprivoiser » ? demande le petit prince.
— Ça signifie « créer des liens... »
— Créer des liens ?
— Bien sûr. Tu n'es qu'un garçon comme les autres pour moi. Et je ne suis pour toi qu'un renard comme les autres. Mais si tu m'apprivoises, je suis unique au monde ...

— Ah ! je commence à comprendre. Je crois que ma fleur sur ma planète m'a apprivoisé... dit le petit prince.

— Si tu m'apprivoises, tes pas me semblent comme une musique. Je ne mange pas de pain, mais si tu m'apprivoises, alors j'aime ces champs de blé. Car ces champs de blé sont dorés comme la couleur de tes cheveux, dit le renard.

Le renard regarde le petit prince : — S'il te plaît ! Apprivoise-moi !
— Je veux bien, mais je n'ai pas beaucoup de temps. J'ai besoin de temps pour me faire des amis, répond le petit prince.
— Si tu veux un ami, apprivoise-moi... dit le renard.

— Que faut-il faire pour t'apprivoiser ? demande le petit prince.
— Il faut être très patient, répond le renard.
— D'abord, tu t'assois un peu loin de moi, et tu ne dis rien. Le langage est source de malentendu. Mais chaque jour, tu t'assois un peu plus près de moi.

Le lendemain, le petit prince revient.
— C'est mieux de revenir à la même heure. Je peux attendre cette heure-là.

Nous devons avoir un moment spécial dans la journée.
Par exemple, tous les jeudis, les chasseurs jouent ensemble dans le village. Le jeudi est un jour spécial pour moi ! Je peux aller partout librement.
— Ah, je comprends, dit le petit prince.

Le petit prince apprivoise enfin le renard.

Lorsqu'ils doivent se dire au revoir, le renard se sent triste.
— Apprivoiser, ce n'est pas bon pour toi, dit le petit prince.
— Si, c'est bon pour moi, à cause de la couleur du blé. Va revoir les roses,
Tu comprends que ta rose est unique au monde. Tu reviens me dire adieu,
et je te dis mon secret, dit le renard.

Le petit prince va aux roses. Il dit aux roses :
— Vous n'êtes pas du tout comme ma rose. Ma rose est unique au monde.
Vous êtes belles, mais vous êtes vides.
Les roses sont bien gênées.

Il continue : — Ma rose est plus importante que vous toutes, parce que je lui donne de l'eau. Je la mets sous le globe en verre. J'écoute toutes ses paroles, c'est qu'elle est ma rose.

# Chapitre22

— Bonjour. Que fais-tu ici ? dit le petit prince.
— Je fais partir les trains à droite ou à gauche, explique l'aiguilleur.

Un train avec des hommess passe vite.
— Ils sont bien pressés. Que cherchent-ils ? demande le petit prince.
— Personne ne le sait. Même l'homme de ce train, répond l'aiguilleur.

Le deuxième train passe vite de l'autre côté.
— Est-ce qu'ils reviennent déjà ?
— Non, c'est un échange. On n'est jamais content là où l'on est.

Le troisième train passe vite.
— Est-ce qu'ils suivent le premier ? demande le petit prince.
— Non, ils ne suivent rien. Ils dorment là-dedans, ou bien ils bâillent.

Le Petit Prince dit : — Seuls les enfants savent ce qu'ils cherchent.
— Les enfants, ils ont de la chance, dit l'aiguilleur.

Il retourne à la rencontre du renard. Le renard lui dit : — Voici mon secret. L'essentiel est invisible pour les yeux. Le temps est important. Ta rose est importante pour toi, car tu passes du temps avec elle.

# Chapitre23

Le petit prince rencontre un marchand. C'est un marchand de médicaments. Ce médicament enlève la soif. On en avale un par semaine et on n'éprouve plus le besoin de boire.

— Pourquoi vends-tu ça ? demande le petit prince.
— Parce que ça fait gagner du temps aux gens. On épargne cinquante-trois minutes par semaine.

Le petit prince se dit : « Moi, si j'ai cinquante-trois minutes à dépenser, je vais marcher tout doucement vers une fontaine ...»

# Chapitre24

Le huitième jour, j'écoute l'histoire du marchand. Je dis au petit prince :
— Ils sont bien jolis, tes souvenirs, mais je ne répare toujours pas l'avion et je n'ai plus d'eau à boire !

— Mon ami le renard..., me dit le petit prince.
Il ne comprend pas le danger de notre situation.
— Ce n'est pas le moment de parler du renard ! On va mourir de soif....
— C'est bien d'avoir un ami, même si l'on va mourir, il me répond.

Et il dit: — J'ai soif aussi. Cherchons un puits...

Alors nous commençons à marcher. Quand la nuit tombe, il est fatigué, il s'assoit. Après un silence, il dit :
— Les étoiles sont belles à cause d'une fleur que l'on ne voit pas ...

Le petit prince ajoute : — Le désert est beau, c'est qu'il cache un puits quelque part ...
— Oui, il y a de belles choses qu'on ne peut pas voir avec les yeux. Ce que je vois là n'est qu'une écorce. Le plus important est invisible ...

Le petit prince dort maintenant. Je prends le petit prince dans mes bras et continue à marcher. Le clair de lune brille sur son visage. Il est comme un trésor fragile. Sa fidélité pour sa fleur est très émouvante.

Enfin, le soleil se lève. Nous trouvons un puits.
Il rit, touche la corde et fait fonctionner la poulie.

# Chapitre 25

Le petit prince dit : — Les hommes prennent le train rapide, mais ils ne savent plus ce qu'ils cherchent. Et il ajoute : — Ce n'est pas la peine ...

Enfin nous trouvons un puits. Celui-là ressemble à un puits dans un village. C'est comme un rêve.
— C'est étrange, dis-je au petit prince, tout est prêt : la poulie, le seau et la corde ...
Le petit prince rit, touche la corde.
Je dis : — Donne-moi ça. C'est trop lourd pour toi.

Je peux voir la lumière du soleil sur l'eau dans le seau.
— J'ai soif. Donne-moi de l'eau, dit le petit prince. Il boit de l'eau, les yeux fermés.
— Cette eau est bonne pour le coeur comme un cadeau. Les hommes de chez toi, dit le prince, ont beaucoup de roses dans un même jardin, mais ils ne trouvent pas ce qu'ils cherchent. Ils peuvent le trouver dans une seule rose ou un peu d'eau. Mais les yeux sont aveugles. Il faut chercher avec le coeur...

— Tu dois tenir ta promesse, dit le petit prince qui s'assoit auprès de moi.
— Quelle promesse?
— Tu sais... un masque pour mon mouton...

Je sors mes dessins de ma poche. Le petit prince les regarde.
Il dit en riant : — Tes baobabs, ils ressemblent un peu à des choux... Ton renard ... ses oreilles ... elles ressemblent un peu à des cornes. Elles sont trop longues.
— Tu n'es pas gentil, mon petit bonhomme.
— Oh, ça va. Les enfants savent.
Je dessine un masque pour son mouton.

— Tu sais, ça fait un an que j'arrive ici..., dit le petit prince.
Il rougit. Je ne sais pas pourquoi, mais je me sens triste.
— Tu veux retourner chez toi?
Le petit prince rougit encore. Quand on rougit, ça signifie «oui», n'est-ce pas?

— Tu dois maintenant travailler. Tu dois repartir vers ta machine. Je t'attends ici. Reviens demain soir... , dit le petit prince.

Je me souviens du renard. On risque de pleurer un peu si l'on est apprivoisé.

# Chapitre26

À côté du puits, il y a un vieux mur de pierre. Le petit prince est assis au sommet du mur.

J'entends sa voix. — Oui, oui ! C'est bien le jour, mais ce n'est pas le bon endroit.

J'entends de nouveau sa voix.

— Tu as du bon venin ? Maintenant, va-t'en. Je veux redescendre, dit le petit prince.

Quand je regarde le pied du mur, il y a un serpent jaune. Ce genre de serpent peut vous tuer en seulement trente secondes. Je cours et je cherche mon arme, mais le serpent s'en va.

— Tu parles maintenant avec les serpents !

— Je suis content parce que ton avion est réparé. Maintenant. tu peux rentrer chez toi ...

— Comment tu sais !
Il ne répond pas mais il ajoute :
— Moi aussi, aujourd'hui, je rentre chez moi. C'est bien plus loin... c'est bien plus difficile... J'ai ton mouton. Et j'ai la caisse pour le mouton. Et j'ai le masque, me dit-il.
— Petit bonhomme, Tu as peur...

Il rit doucement et me dit :
— Cette nuit, ça fait un an. Je peux trouver mon étoile, Ce qui est important, ça ne se voit pas.
— Bien sûr ...

— Si tu aimes une fleur qui est dans une étoile, c'est doux, la nuit, de regarder le ciel. Toutes les étoiles sont fleuries.
— Bien sûr...
— L'eau, que tu me donnes à boire est comme de la musique, à cause de la poulie et la corde ... tu te rappelles ...elle est bonne.
— Bien sûr...

— Et la nuit, quand tu regardes les étoiles, tu ne peux pas trouver mon étoile, parce qu'elle est si petite. Alors tu penses que chaque étoile est mon étoile. Comme ça, toutes les étoiles sont tes amies.
Il rit encore.
— Ah ! petit bonhomme, petit bonhomme, j'aime entendre ce rire !
— Justement c'est mon cadeau ... C'est comme de l'eau ...

— Que veux-tu dire ?
— Chacun a ses étoiles. Pour les voyageurs, les étoiles sont des guides. Pour les savants, les étoiles sont des problèmes. Mais pour toi, les étoilesrient. Tu peux rire avec moi à tout moment, mais si tes amis te voient rire au ciel, ils pensent que tu es fou.

Soudain, il devient sérieux. — Cette nuit... tu sais... ne viens pas.
— Je ne te quitte pas, dis-je.
Mais il est soucieux.
— C'est aussi à cause du serpent. Il peut te mordre juste pour le plaisir...
— Je ne te quitte pas, Il me prend par la main.
— Tu as tort de venir.

Je me tais.

— Tu sais, c'est trop loin. Je ne peux pas emporter ce corps avec moi.
Je me tais.

Il se décourage mais il fait un effort.
— C'est tellement amusant ! Toi tu as beaucoup de petits grelots et moi,
j'ai beaucoup de puits.

Et il s'assoit parce qu'il a peur.
— Tu sais … ma fleur… j'en suis responsable.
Et elle est si faible. Elle a besoin de moi.
Je m'assois aussi.
— Voilà… c'est tout…, il dit.
Et il fait un pas.
Il y a une lumière jaune près de ses pieds. Il tombe aussi doucement
qu'un arbre tombe.

# Chapitre27

Et maintenant ça fait six ans déjà ... Je rentre sain et sauf.
Mes amis sont contents de me revoir vivant.
Je sais que le petit prince retourne à sa planète. La nuit, j'aime écouter les étoiles.

Et alors, j'oublie de dessiner une corde reliant le masque. Il ne peut pas mettre le masque sur le mouton sans corde. Le mouton mange-t-il la fleur ?

Non, le petit prince met le globe de verre sur la fleur tous les soirs.
Mais s'il oublie de le faire ? Et si le mouton sort la nuit et mange la fleur sans bruit ?